广东财经大学会计学科系列丛书
广东省哲学社会科学规划项目（项目批准号：GD21CYJ12）资助
广东省会计科研课题(项目批准号：20233-22)资助

三友会计论丛 第19辑

财会监督体系服务国家治理的路径优化与协同机制研究

况玉书 著

东北财经大学出版社
Dongbei University of Finance & Economics Press

大连

图书在版编目（CIP）数据

财会监督体系服务国家治理的路径优化与协同机制研究 / 况玉书著 . —大连：东北财经大学出版社，2024.7
（三友会计论丛·第19辑）
ISBN 978-7-5654-5210-9

Ⅰ.财… Ⅱ.况… Ⅲ.国家机构–财务管理–研究–中国
Ⅳ.F812

中国国家版本馆CIP数据核字（2024）第064273号

东北财经大学出版社出版
（大连市黑石礁尖山街217号 邮政编码 116025）
网 址：http://www.dufep.cn
读者信箱：dufep@dufe.edu.cn
大连图腾彩色印刷有限公司印刷 东北财经大学出版社发行
幅面尺寸：170mm×240mm 字数：192千字 印张：13 插页：1
2024年7月第1版 2024年7月第1次印刷
责任编辑：李 栋 周 慧 责任校对：雪 园
封面设计：原 皓 版式设计：原 皓
定价：69.00元

教学支持 售后服务 联系电话：（0411）84710309
版权所有 侵权必究 举报电话：（0411）84710523
如有印装质量问题，请联系营销部：（0411）84710711

随着我国以社会主义市场经济体制为取向的会计改革与发展的不断深入，会计基础理论研究的薄弱和滞后已经产生了越来越明显的"瓶颈"效应。这对于广大会计研究人员而言，既是严峻的挑战，又是难得的机遇。说它是"挑战"，主要是强调相关理论研究的紧迫性和艰巨性，因为许多实践问题急需相应的理论指导，而这些实践和理论在我国又都是新生的，没有现成的经验和理论可资借鉴；说它是"机遇"，主要是强调在经济体制转轨的特定时期，往往最有可能出现"百花齐放，百家争鸣"的昌明景象，步入"名家辈出，名作纷呈"的理论研究繁荣期和活跃期。

迎接"挑战"，抓住"机遇"，是每一个中国会计改革与发展的参与者和支持者义不容辞的责任。为此，我们与中国会计学会财务成本分会、东北财经大学会计学院联合创办了一个非营利的学术研究机构——三友会计研究所，力求实现学术团体、教学单位、出版机构三方的优势互补，密切联系老、中、青三代会计工作者，发挥理论界、实务界、教育界的积极性，致力于会计、财务、审计三个领域的科学研究和专业服务，以期为我国的会计改革与发展做出应有的贡献。

三友会计研究所的重大行动之一就是设立了"三友会计著作基金"，用于资助出版"三友会计论丛"。它旨在荟萃名人力作及新人佳作，传播会计、财务、审计研究与实践的最新成果与动态。"三友会计论丛"于1996年推出第一批著作；自1997年起，本论丛定期遴选并分辑推出。

采取这种多方联合、协同运作的方法，如此大规模地遴选、出版会计著作，在国内尚属首次，其艰难程度不言而喻。为此，我们殷切地希望广大会计界同仁给予热情支持和扶助，无论作为作者、读者，还是作为评论者、建议者，您的付出都将激励我们把"三友会计论丛"的出版工作坚持下去，越做越好！

东北财经大学出版社

三友会计论丛编审委员会

序言

结合马克思主义国家理论，党的十八届三中全会提出"国家治理"概念，党的十九大指出，在中国特色社会主义新时代，要不断推进国家治理体系和治理能力现代化。"治理"是制度与社会的互动（俞可平，2000），治理主体是上下互动、协商合作的关系。财会监督是国家治理体系现代化的重要内容，财会监督改革要以提升国家治理能力为落脚点，以理顺经济和社会秩序、协调利益关系为最终目标（武辉和王竹泉，2019）。学术界对财会监督制度存在的缺陷和不足、财会监督目标、财会监督主体及其运行机制展开了多路径研究，为国家治理体系下财会监督制度重构提供了重要理论支撑。2020年1月，习近平总书记在中国共产党第十九届中央纪律检查委员会第四次全体会议上首次将财会监督提高到国家治理的高度，与审计监督、统计监督等一并作为党和国家监督体系的重要组成部分，共同推进国家治理现代化的进程。

财会监督作为党和国家监督体系中基础的监督方式之一，不仅是国家经济社会管理的重要基础，而且是推动国家治理体系和治理能力现代化的基础环节。作为国家治理体系的主要参与者，党和国家机关、企事业单位经济活动如预算管理、收支管理、投资管理、筹资管理、经营管理、资产管理等合法合规、高效顺畅，对于各治理主体的生存和发展至关重要。财会监督作为监督各治理主体经济活动的主要方式之一，有助于揭示经济管理中存在的问题及其产生的原因，进而促使治理主体改进经营管理，提高经济效益。而且，其他监督体系如行政监督、审计监督、统计监督等虽然有各自的工作特点，但是在一定程度上离不开财会监督工作这个抓手。可见，做好财会监督工作不仅是完善党和国家监督体系的重要保障，而且是推进国家治理体系和治理能力现代化的迫切需要。

在推进国家治理体系现代化进程中，我国政治、经济、社会制度构成的政策环境正在发生深刻变化，但财会监督作为国家治理体系的重要组成部分，其监督目标、监督主体、监督机制等无明显改变，学术界和实务界对财会监督如何提升服务国家治理的能力还未有较深入的探讨。从现有研究看，一是理论研究相对薄弱和滞后，如很少有研究从国家治理角度对财会监督目标进行重新定位，也很少有研究在国家治理框架下探讨财会监督主体的构成问题；二是缺乏基于国家治理视角对财会监督进行全局分析，进而导致对不同监督主体的差异性分析不足，财会监督服务国家治理的路径差异化设计未得到充分体现；三是对构建不同层级财会监督和不同监督系统之间的共享协同机制研究不足，难以解决财会监督各自为政、比较孤立的问题。从实践来看，对上述问题的认知不清也必将制约财会监督工作的有效开展，难以满足新的政治定位的需求，也难以完成党和国家赋予的新使命。这主要是由国家治理框架下财会监督理论研究滞后、财会监督服务国家治理的路径不明和缺乏相应的协同推进机制等造成的。况玉书的著作《财会监督体系服务国家治理的路径优化与协同机制研究》切合现实需求、内容新颖、时代性强，具有重要的理论意义和现实价值。

通过理论分析、观点对比、访谈调查和案例研究，本书在国家治理背景下系统构建了财会监督理论框架，进而考虑不同层级财会监督和不同监督系统之间的差异，兼顾经济、政治、社会、技术等多因素分析，探索新时代多层次财会监督服务国家治理路径优化与协同机制，这对于建立健全多层次财会监督的长效机制、完善党和国家监督体系、推进国家治理体系和治理能力现代化进程具有重要意义。本书具有以下特色：第一，构建了国家治理视角下的财会监督理论框架，具有理论上的系统性和创新性。在国家治理视角下，财会监督是一个比较宽泛的概念。本书基于国家治理的视角，从内部有机贯通和外部相互协同两个角度去拓展财会监督的内涵，完善和深化了财会监督理论。第二，以多层次财会监督为研究对象，研究内容上具有新颖性和综合性。本书综合运用了实地访谈、问卷调查和案例研究等方法，既关注到了财会监督与其他监督、财会监督不同层次的差异性，又考虑到了财会监督与其他监督、财会监督不同层次之间协同治理的系统性，研究内容具有一定的新颖性、科学性和综合性。第三，理顺了财会监督各主体之间的关系，理论联系实际，突出了对实务的指导性。本书不但在理论上力求创新，而且更加注重将一个科学、实用、适合我国国情的财会监督运行体系直接应用于国家治理的实践。在国家治理视角下，财会监督的研究属于一个跨学科的交叉研究。就这一点而论，作者不仅试图拓展财会监督研究的视野，更难能可贵的还在于为建立理论与实践相结合的研究范式提供了有益的探索。

我深知作者十余年来一直在"财会监督"和"内部控制"（尤其是"政府内部控制"）的教学与理论研究领域孜孜以求，积累了不少的心得与体会。厚积而薄发，本书正是作者多年来理论与实践的结晶。当然，本书也存在一些需要继续完善的内容，未来可以进一步研究，某些观点也值得商榷，也有些研究内容略显粗糙，有待深化。但瑕不掩瑜，相信本书的出版对于我国财会监督的理论研究和实践活动都具有一定的借鉴意义。

2024 年 3 月于东财园

2020年1月，习近平总书记在中国共产党第十九届中央纪律检查委员会第四次全体会议上首次将财会监督列入党和国家监督体系的十大监督之一，这体现了党中央对财会监督工作的深刻认识、高度重视和深切重托。1999年颁布的《中华人民共和国会计法》就提出了由单位内部会计监督、社会监督和政府监督构成的"三位一体"财会监督模式。该模式在提高会计信息质量、强化监督、维护经济秩序等方面发挥了重要作用。随着经济社会的发展，该模式也暴露出一些不足。例如，财会监督作为党和国家监督体系中的一个重要的监督层次，其目标尚未真正转到以协调利益关系为根本目标的国家治理上来；财会监督主体权责界定模糊，进而出现政出多门的问题；财会监督体系对利益相关者没有给予足够的重视；财会监督体系本身及其与其他监督之间缺乏有效的协同机制等。这些不足和缺陷反过来又制约了财会监督的有效性，与目前财会监督已经上升到国家治理层面，推动各大监督有机贯通、相互协同，进一步强化对权力运行的制约和监督等要求不契合。究其原因，这主要是由国家治理视角下财会监督理论研究滞后、财会监督服务国家治理的路径不明和缺乏相应的协同推进机制等众多因素造成的。

为此，本书尝试在国家治理框架下，从全局视角开展多层次财会监督服务国家治理的路径优化与协同机制研究，期望在国家治理视角下财会监督领域的一些基本理论问题上达成共识，并能够为财会监督实践提供一些有益的借鉴和启示。

本书主要采用了规范研究中的演绎法、归纳法、比较研究法和档案研究法，以及实证研究中的问卷调查法、实地访谈法和案例研究法。具体说来，本书在梳理国内外研究文献、界定关键概念和明确相关理论的基础上，主要探讨了以下四个方面的问题。

1. 总结国内外财会监督的实践。总结典型国家或地区财会监督的实践活动，分析其财会监督的模式、路径、政策和机制，形成可供中国借鉴的现实案例与经验。

2. 尝试构建国家治理视角下财会监督的理论框架，包括探讨财会监督的内涵和本质特征、职能和目标定位、监督主体和对象、监督标准和内容、监督方式和时间、监督的基本原则。

3. 采用案例研究的方法，通过实地访谈、问卷调查，了解我国目前财政部门、中介机构和单位内部财会监督的现状，并分析其中存在的问题。

4. 探索多层次财会监督体系服务国家治理的路径与协同机制，包括财会监督体系优化的总体思路、党和国家监督体系贯通协调的必要机制、财会监督与其他监督之间的协同机制等。

上述问题的理论研究和实践探索对于建立健全多层次财会监督的长效机制、完善党和国家监督体系、推进国家治理体系和治理能力现代化进程具有重要意义。

本书获得了广东省哲学社会科学规划 2021 年度项目"财会监督体系服务国家治理的路径优化与协同机制研究"（项目批准号：GD21CYJ12）和广东省 2023—2024 年度会计科研课题"经济高质量发展视野下财会监督体系构建研究"（项目批准号：20233-22）的资助。在写作过程中，作者参考并吸收了大量的相关文献和前人的研究成果，它们为本课题的研究及成果的形成奠定了坚实的基础。在此，谨向这些相关文献成果的作者们深表谢忱。限于篇幅，其出处未能一一注明，尚希见谅。限于自身学识和能力，书中难免存有不当甚至错讹、疏漏等诸多不足之处，恳请学界同仁和广大读者批评指正。

作　者

2024 年 5 月

目录

目录

第 1 章

绪 论

本章是全书的导入部分。首先提出了本书的研究问题，即财会监督体系服务国家治理的路径优化与协同机制研究，其次确定了研究目标并明确了研究意义，梳理了国内外研究现状，最后对本书的主要内容、基本研究思路和具体研究方法进行了说明。

1.1 ——————问题的提出——————

权力必须受到监督，不受监督的权力必然导致腐败。这是得到古今中外历史经验反复验证的一条规律。因此，当今世界各国都在积极探索建立健全对行使权力的监督制约机制，旨在防止权力滥用。中国也不例外。我们党和国家监督体系历经数年探索和发展，逐步形成了全方位、多层次的具有中国特色的较为完善的权力监督制约系统，详见表1-1。

表1-1 党和国家监督体系的组成内容

时间	监督体系组成内容				
党的十八届四中全会	党内监督	人大监督	民主监督	行政监督	司法监督
	审计监督	社会监督	舆论监督		

续表

时间	监督体系组成内容				
党的十九大	党内监督　国家机关监察　民主监督　司法监督　群众监督　舆论监督				
党的十九届四中全会	党内监督　　人大监督　　民主监督　行政监督　司法监督　群众监督　　舆论监督　　审计监督　统计监督				
十九届中央纪委第四次全体会议	党内监督　　人大监督　　民主监督　行政监督　司法监督　审计监督　　财会监督　　统计监督　群众监督　舆论监督				

资料来源：根据历届会议内容梳理编制。

　　党的十八大以来，随着我国国家组织领导力的加强，国家治理研究已经成为了一门显学，越来越受到学术界的广泛重视。2020年1月13日，第十九届中央纪委第四次全体会议强调要完善党和国家监督体系，会上首次增列了"财会监督"，从而形成了以党内监督为主导，推动人大监督、民主监督、行政监督、司法监督、审计监督、财会监督、统计监督、群众监督、舆论监督有机贯通、相互协调的监督体系。其中，人大监督、行政监督和司法监督是国家机关的监督，即分别是国家权力机关、行政机关和司法机关的监督，统称国家监督。国家监督的权限和范围由我国宪法和相关法律明确规定，这类监督都是依照一定的法律程序，以国家名义进行的具有国家强制性和法律效力的监督，是我国监督体系的重要组成部分。例如，人大监督有专门的监督法律，即《中华人民共和国各级人民代表大会常务委员会监督法》（2006年8月27日通过，2023年12月修正草案向社会公众征求意见），其监督的内容大致可以概括为"工作监督"①和"法律监督"②两个方面。

　　坚持和完善党和国家监督体系，是国家治理体系和治理能力现代化的

---

　　①　所谓"工作监督"，就是对"一府两院"（指人民政府、人民法院、人民检察院）的工作是否符合宪法和法律，是否符合人民利益，是否正确贯彻人大常委会的决议、决定，是否正确行使职权等进行监督，主要包括听取和审议"一府两院"专项工作报告、审查和批准计划和预算执行情况与决算，以及听取和审议审计工作报告、执法检查等。（参见：杨景宇. 监督法辅导讲座 [M]. 北京：中国民主法制出版社，2006：27）
　　②　所谓"法律监督"，就是对规范性文件是否符合宪法和法律规定所进行的监督，如开展法律、法规的实施情况检查（也是工作监督）、备案审查和撤销同宪法、法律相抵触的规范性文件。根据监督法，无论是工作监督还是法律监督都要符合法律规定的要求。（参见：杨景宇. 监督法辅导讲座 [M]. 北京：中国民主法制出版社，2006：27）

重要内容和重要保障。推进国家治理体系和治理能力现代化，必须建立健全监督体系，形成决策科学、执行坚决、监督有力的权力运行机制，使之契合党的领导体系，融入国家治理体系，贯穿于党领导经济社会发展全过程，确保党的路线方针政策和各项决策部署贯彻落实，确保党和人民赋予的权力始终被用来为人民谋幸福，推动制度优势更好地转化为治理效能。从国家治理的角度看，监督制度的功能在于降低治理成本，纠正治理偏差，促进社会合作，服务经济发展，抑制腐败行为，提高管理效能。

作为我们党和国家监督体系的重要组成部分，财会监督是保障我国社会经济健康发展、提升治国理政水平和效能的基础性制度安排。如图1-1所示，财会监督在党和国家监督体系中扮演着基础性监督的角色，也是提升治国理政水平和效能的重要基石。建立健全财会监督机制，不断完善财会监督体系，有助于强化财经纪律约束，推动财经法规政策的落实，进而有助于提高财会信息质量，促进社会经济健康有序发展，扎实推进国家治理体系和治理能力现代化。由此可见，财会监督不仅是党和国家监督体系的重要组成部分，而且是国家治理体系和治理能力现代化的制度基石。

3

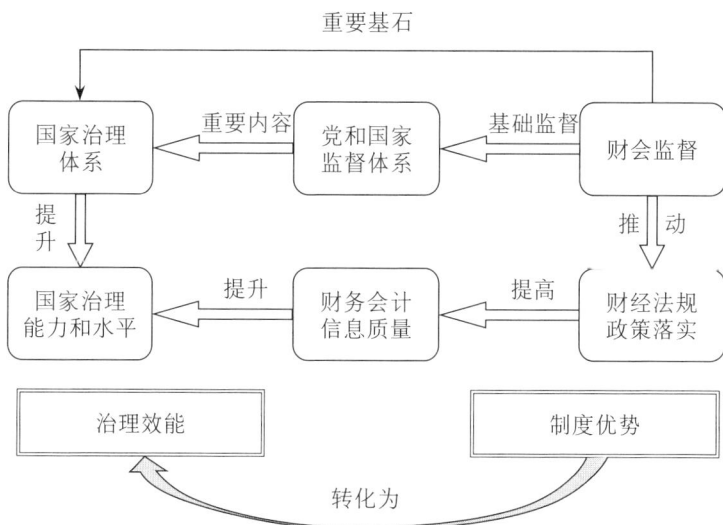

图1-1　财会监督对国家治理的作用机理示意图

将财会监督增列为党和国家监督体系中的一股重要监督力量，这体现了党中央对财会监督工作的高度重视。财会工作本身是一项专业性、系统性很强的工作，各项经济活动的来龙去脉最终都会体现在财会系统的各项指标及其勾稽关系当中，财会监督无疑是最有效的经济监督工具，虽然是首次被提高到国家治理的高度，但也是其应有之义。我国首次将财会监督列入党和国家监督体系的十大监督之一，标志着财会监督迫切需要从政治高度重新认识、定位和履行自己的职能，而不仅仅是一项专业化工作。

早在1999年颁布的《中华人民共和国会计法》中，我国就提出了由单位内部会计监督、社会监督和政府监督构成的"三位一体"财会监督模式。该模式在提高会计信息质量、强化监督、维护经济秩序等方面发挥了重要作用。随着经济社会的发展，该模式也暴露出了一些不足。例如：①财会监督作为党和国家监督体系中的一个重要监督层次，其目标尚未真正转向以协调利益关系为根本目标的国家治理上来；②财会监督主体权责界定模糊，进而出现了政出多门的问题；③财会监督体系对利益相关者没有给予足够重视；④财会监督体系本身与其他监督之间缺乏有效的协同机制。这些不足和缺陷反过来又制约了财会监督的有效性，与目前财会监督已经上升到国家治理层面，在推动各大监督有机贯通、相互协同，进一步强化对权力运行的制约和监督等方面的要求不相契合。这主要是由国家治理视角下财会监督理论研究滞后、财会监督服务国家治理的路径不明、缺乏相应的协同推进机制等众多因素造成的。

如何认识在国家治理体系以及党和国家监督体系中财会监督的理论关系？如何构建财会监督的运行机制，发挥财会监督在国家治理现代化中的作用？如何在制度和技术层面建立我国多层级、多类型财会监督的运行体系？诸如此类问题都需要进行理论探索和实践创新。

为此，本书尝试从国家治理的视角出发，将多层次财会监督作为研究对象。若将财会监督的职责归结到某一个主体、某一个专业部门，这不符合国家治理主体多元化的特点，也不符合十九届中央纪委第四次全体会议强调的建立"有机贯通、相互协调"监督体系的要求。有鉴于此，建立行之有效的多层次财会监督体系是符合我国当前政治体系的。在这一多层次财会监督体系中，各监督主体存在主次之分。因此，本书既要关注到财会监督与其他监督、财会监督不同层次的差异性，又要考虑到财会监督与其他监督、财会监督不同层次之间协同治理的系统性。正是由于这些原因，本书立足于国家治理框架，试图从全局视角开展多层次财会监督服务国家治理的路径优化与协同机制研究，期望在国家治理视角下财会监督领域的一些基本理论问题上达成共识，并能够为财会监督实践提供一些有益的借鉴和启示。这些问题的理论研究和实践探索对于建立健全多层次财会监督的长效机制、完善党和国家监督体系、推进国家治理体系和治理能力现代化进程具有重要意义。

1.2　研究目标和研究意义

1.2.1　研究目标

本书的研究目标具体为：

第一，总结国内外财会监督的实践。总结典型国家或地区财会监督的实践活动，分析其财会监督的模式、路径、政策和机制，形成可供中国借鉴的现实案例与经验。

第二，尝试构建国家治理视角下财会监督的理论框架。随着财会监督被确立为党和国家监督体系的重要组成部分，无论是从政治高度还是应用范围来看，都应当重新审视财会监督的内涵和本质特征、职能和目标定位、监督主体和对象、监督标准和内容、监督方式和时间、监督的基本原则。因此，亟须基于国家治理体系和治理能力现代化的视角，构建出一个内部概念一致、可以指导实践活动的财会监督理论框架。

第三，调查了解我国目前财政部门、中介机构和单位内部财会监督的现状并分析存在的问题。通过实地访谈、问卷调查，采用案例研究的方法，了解我国目前"三位一体"财会监督模式的现状，并分析存在的问题，这是多层次财会监督体系服务国家治理的路径优化和协同机制设计的必要前提。

第四，探索多层次财会监督体系服务国家治理的路径优化与协同机制。基于国家治理视角下的财会监督体系，针对不同监督主体职能分工和权限责任不同,探寻多层次财会监督服务国家治理的差异化路径。突破条块化、间断式、事后性和信息壁垒掣肘,设计多层次财会监督体系的协同长效机制。

1.2.2 研究意义

近年来,我国越来越重视党和国家监督体系的建设,以期推进国家治理体系和治理能力现代化。财会监督作为党和国家监督体系的重要内容,从国家治理视角来看,探讨其理论框架构建和协同机制设计对于理论研究者和实务工作者而言,都富有积极的意义和启示。

(1)学术意义

第一,针对以往财会监督认识狭隘、职能边界模糊不清、监督主体和标准不明确等问题,立足于推进国家治理体系和治理能力现代化的背景,从财会监督的内涵与本质特征出发,系统而又深入地探讨了财会监督的主体、客体、目标、标准和方式等问题,完善和深化财会监督理论。

第二,突破了以往仅从单一视角(如政府部门)研究财会监督服务国家治理的局限,从全方位、多层次的宏观视角探究财会监督服务国家治理的综合路径,拓展和丰富国家治理理论。

第三,通过揭示多层次财会监督模式的内涵与生成机理,促使财会监督成为维护内部控制有效运行的工具,进一步丰富和完善了内部控制理论。

(2)应用价值

第一,在国家治理框架下,根据不同层次财会监督主体的角色定位、职责权限和监督资源,优化和完善不同层次财会监督服务国家治理路径,为不同层次财会监督模式转型提供实践依据。

第二,针对多层次财会监督"信息孤岛"难以形成制约合力、多重监督或缺位监督等问题,从国家治理系统性的全局出发,基于"差异-共治"的视角深入探讨不同层次的财会监督、财会监督与其他监督的协同机制,有利于建立健全财会监督的长效机制。

第三,构建基于风险导向和成本效益原则的财会监督模式,促使各监督主体充分利用监督要素来确保内部控制的持续有效运行,满足利益相关方维护内部控制有效性的迫切需求。

1.3 ——————————国内外研究现状——————————

1.3.1 国家治理理论

治理理论在中国的应用是一个系统化的过程（彭莹莹和燕继荣，2018）。20世纪90年代，西方公共部门的管理改革引发了中国学者对"治理"的关注，促使他们把"治理"作为一种新的政治分析框架展开讨论。"治理"是制度与社会的互动（俞可平，2000）；治理主体是上下互动、协商合作的关系；治理模式是运用"治理指标"评价"治理绩效"（周安平，2015）。结合马克思主义国家理论，党的十八届三中全会提出"国家治理"理论；党的十九大指出，在中国特色社会主义新时代，要不断推进国家治理体系和治理能力现代化。国家治理的核心是政府治理，在合理界定政府、市场、社会权力边界的基础上，形成三者相互制约、相互支撑的协调治理框架（李枢川，2014）。

1.3.2 财会监督的研究

学术界对财会监督制度存在的缺陷和不足、财会监督目标、财会监督主体及其运行机制展开了多路径研究。

（1）从财会监督制度的角度看，目前财会监督法律法规较为分散，缺乏系统性和全面性，立法层次不高，法律约束力不强，且存在接口盲区和争议点（流水，1983，赵荷荷，1993；汪雅萍和何召滨，2020）。所以需要根据财会监督被赋予的新定位，统筹做好财会监督制度的顶层制度设计（容军，2020）。但是，要把目前以会计核算为导向的会计制度，转变为监督导向，这不是一个简单的会计制度转向问题，牵涉到整个国家的会计主管部门组织机构的重新定位与设计，也要求我们改变单纯注重会计核算制度建设的传统习惯，而最为需要改变的，是包括理论与实务在内的广大会计人员的工作理念与思维方法以及专业能力结构（杨雄胜，2020）。

（2）从财会监督目标来看，会计信息质量、受托经济责任、投资者利益、资本市场秩序是财会监督的主要目标（蔡春等，2012；谢志华，2014；陈志斌和周曙光，2017）。其中，会计信息监督（陈志斌和李敬涛，2015；章贵桥，2017）、资本市场秩序（张先治和晏超，2015）是监督重点。但目前为实现监督目标开展的监管活动以微观层面的具体会计内容为主，缺少全过程监督，影响了会计监督的全面性（Kaplan，2011）。很少有研究从国家治理角度，以理顺经济和社会秩序、协调利益关系为目标对会计监督体系进行探讨。

（3）从财会监督主体看，财会监督主体之间的充分互动有助于保护投资者利益、提高财务报告质量（卜君和孙光国，2017），政府在会计监管中起主要作用（Wolk和Tearney，1997；刘国强，2006），加强政府监管有助于弥补会计市场失灵（Glaeser和Shleifer，2001），会计欺诈和财务舞弊与政府监管失效有关（Scott，2015）。政府作为最重要的监督主体应加强会计监督体系建设，充分发挥社会公众的监督作用（Sunder，1997；李明辉和曲晓辉，2005）。站在全面从严治党、强化对权力运行的制约和监督的新高度全方位辨析财会监督，就是要回答谁对谁、在什么时间、用什么方法、采取什么行动、达到什么目的等问题，这是财会监督发挥国家治理基础作用的起点（汪雅萍和何召滨，2020）。

（4）从财会监督的运行机制看，高效权威的会计监督运行机制有助于各监督主体执行监督政策，发挥监督作用，保证利益公平分配。学者们提出了权力分享制衡机制（李志斌，2009）、强化外部监督体系（王军等，1988）、政府与私人部门合作机制（Zeff，1995）、独立管制模式（谢德仁，2002）、内外利益相关者监督体系（王竹泉和毕茜茜，2008），以及价值创造导向（李心合，2007）、市场导向（王跃堂等，2001）、风险导向（樊行健和肖光红，2014）、绩效导向（李建发和张国清，2015）等会计监督模式，从不同视角探讨了会计监督运行机制的优化问题，并提出应该突破微观会计桎梏，从整个宏观领域进行重构（杨雄胜等，2013）。

1.3.3　财会监督与国家治理关系研究

财会监督是国家治理体系现代化的重要内容，财会监督改革要以提升国家治理能力为落脚点，以理顺经济和社会秩序、协调利益关系为最终目标（武辉和王竹泉，2019）。财会监督在国家治理中的作用主要体现在两方面。第一，理顺经济秩序。财会监督涉及国家、社会、公司治理等多个层面，财会监督在规范会计活动的同时推动了财会改革（吴联生和王亚平，2003；张先治，2020）；在优化配置稀缺资源时，财会信息和监督活动影响着市场行为和决策、资本流向和配置，最终影响着国家宏观经济运行；在财会监督下，公平合理的利益分配有助于缩小收入差距、优化经济秩序（武辉和王竹泉，2019）。第二，稳定社会秩序。现代社会处于复杂的生态环境中，良好的社会秩序得益于包括财会监督制度在内的多种治理制度的整合。很多监督制度在一定程度上都离不开财会监督工作这个媒介和抓手，其他监督制度相互配合、相互支持，有助于实现良善的社会秩序（周安平，2015；况玉书和刘永泽，2020）；财会监督有助于控制社会运行风险和提高政府管理效率（武辉，2013）。

1.3.4　现有研究简评

上述研究从多维度对财会监督的目标、主体及运行机制进行了探讨，为国家治理体系下财会监督制度重构提供了重要理论支撑。在推进国家治理体系现代化进程中，我国政治、经济、社会制度构成的政策环境正在发生着深刻变化，但财会监督作为国家治理体系重要组成部分，其监督目标、监督主体、监督机制等无明显改变，学术界和实务界对财会监督如何提升服务国家治理的能力还未有较深入的探讨。从现有研究文献看，目前该领域的研究呈现出以下三个方面的特点。

（1）理论研究相对薄弱和滞后，如很少有研究从国家治理的角度对财会监督目标进行重新定位，也很少有研究在国家治理框架下探讨财会监督主体的构成问题。

（2）缺乏基于国家治理视角对财会监督进行全局分析，进而导致对不同监督主体的差异性分析不足，财会监督服务国家治理的路径差异化设计未得到充分体现。

（3）对构建不同层级财会监督和不同监督系统之间的共享协同机制研究不足，难以解决财会监督各自为政，比较孤立的问题。

本书将在国家治理背景下构建财会监督理论框架，进而考虑不同层级财会监督和不同监督系统之间的差异，兼顾经济、政治、社会、技术等多因素分析，探索新时代多层次财会监督服务国家治理的路径优化与协同机制。

1.4 ———— 主要内容、基本思路和研究方法————

1.4.1　主要内容

第一，中国国家治理体系下财会监督制度及国外经验借鉴。(1) 在国家治理视角下，运用制度变迁理论，系统梳理中国财会监督制度的历史发展脉络，剖析新时代下财会监督的特点及其与其他监督系统（如人大监督、审计监督、党内监督、统计监督、行政监督等）的区别和联系。(2) 在单位治理视角下，借鉴内部控制思想和以往研究成果，建立以内部控制为导向的财会监督模式。(3) 总结典型国家或地区财会监督的实践活动，分析它们财会监督的模式、路径、政策和机制，形成可供中国借鉴的现实案例与经验。

第二，国家治理框架下财会监督的理论框架构建。(1) 在国家治理体系和治理能力现代化背景下，从宏观、中观和微观三个层面系统梳理现行财会监督制度，进而明确财会监督的内涵、本质和职能，划分财会监督构成，总结财会监督的特征，定位财会监督的目标。(2) 在此基础上，根据成本效益理论和风险导向理论，明确国家治理框架下的财会监督目标，进而识别影响财会监督目标实现的因素，如监督环境、监督标准、监督资源与能力、监督程序、监督反馈等。(3) 监督目标、监督环境、监督资源与能力、监督行为等构成了监督对象差异化的条件，本书中作者将根据整合理论，对财会监督模式进行不断整合，并根据需要做出动态调整，最终形成整合系统化的财会监督核心能力生成与有效运行的内在逻辑。

第三，多层次财会监督体系服务国家治理的路径优化。(1) 回顾我国现行财会监督的实践活动，从政治、经济、社会等方面总结经验并发现问题。(2) 选取典型单位、财政部门、财会工作中介机构，分析其财会监督的制度、目标、模式和路径，对照国家治理体系和治理能力现代化的理念，找出差距，明确改进方向。（3）根据国家治理主体多元化的特点，构建国家治理框架下的多层次财会监督体系，具体包括单位内部财会监督、利益相关者财会监督和政府部门财会监督。（4）对不同监督主体的财会监督职能进行重新界定，确定财会监督的实施原则、实施主体、实施目标和实施模式，细化不同层次财会监督的差异化路径。

第四，多层次财会监督体系服务国家治理的协同机制设计。（1）在国家治理框架下，结合赋予财会监督新定位，研究财会监督制度的顶层制度设计问题，促进相关部门加强财会监督制度建设治理。（2）根据多层次财会监督体系，构建多层次合力形成机制，包括完善财会信息披露机制、持续优化单位内部控制机制等，发挥不同财会监督主体在不同监督领域的优势和所长，改善财会监督服务国家治理的效果。（3）针对目前十大监督之间尚未建立共享协同机制，存在监督资源浪费和监督效率低下等问题，积极构建以党内监督为主导、十大监督为合力的"大监督"共享机制，包括明确分工和合作机制、检查方案相互配合机制、信息共享机制等，各机制协同发力。

本书研究的重点主要包括两个方面：一是国家治理框架下财会监督理论框架构建及财会监督服务国家治理的路径优化是本书的重点，也是多层次财会监督体系服务国家治理的协同机制设计的必要前提；二是紧扣服务国家治理大局的新定位，构建多层次财会监督体系的协同机制也是本课题的重点。

写作本书的难点主要体现在两个方面。第一，识别国家治理体系下影响财会监督效果的因素是本课题的难点。本书将通过合理吸收以往研究成果、专家访谈和实地调研的结果以解决该难点。第二，从横向（不同监督主体和单位内设机构）和纵向（多层级财会监督主体和不同业务监督流程）两个角度构建财会监督模式是本课题的另一难点。其困难之处在于监督主体多元化，监督内容较为复杂，本书将在以往研究积累的基础上，吸收具有实务经验背景的人员的观点，将案例研究和实地调研相结合，以解决该难点。

1.4.2 基本思路

本书研究的基本思路如图1-2所示。

财会监督体系服务国家治理的路径优化与协同机制研究

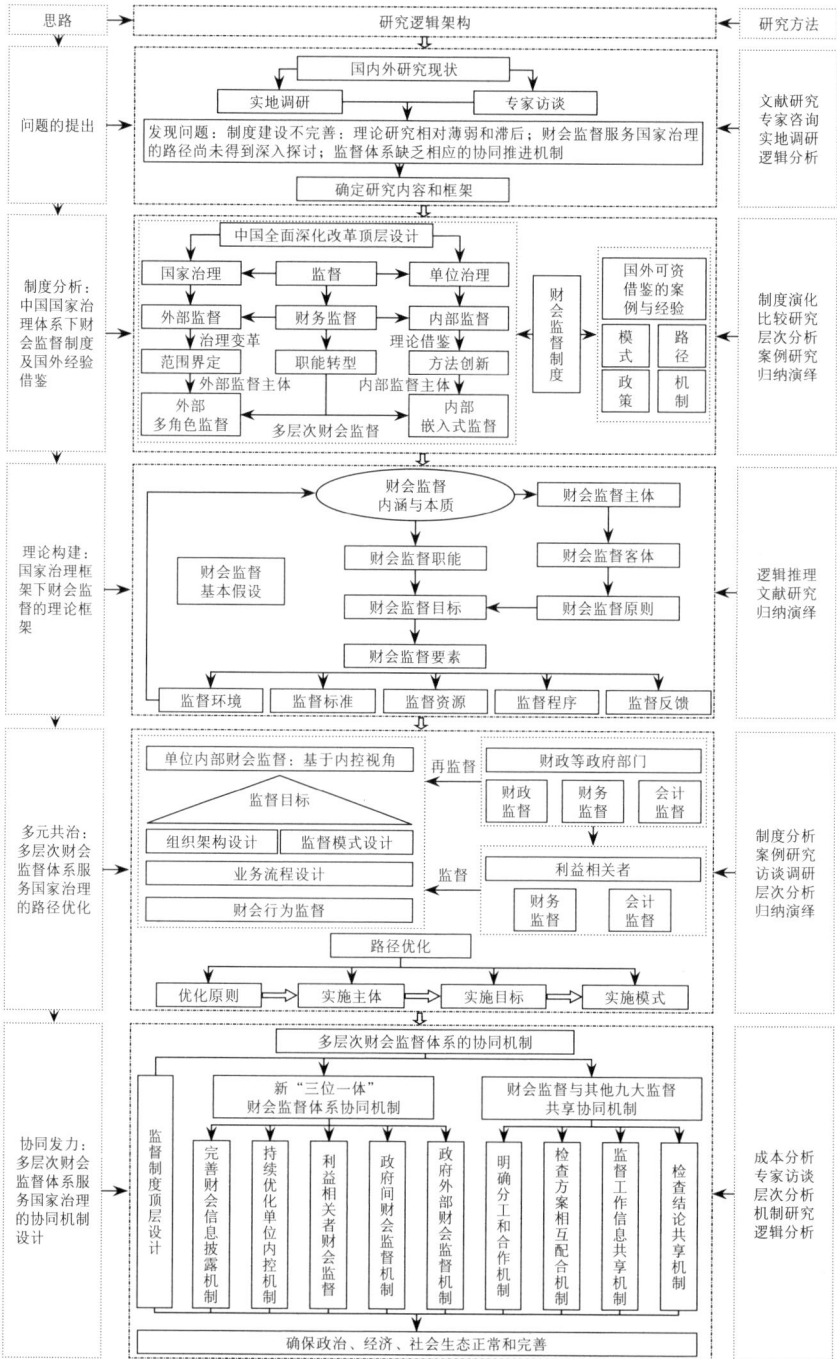

12

思路	研究逻辑架构	研究方法

研究逻辑架构

国内外研究现状

实地调研　　　　专家访谈

发现问题：制度建设不完善；理论研究相对薄弱和滞后；财会监督服务国家治理的路径尚未得到深入探讨；监督体系缺乏相应的协同推进机制

确定研究内容和框架

问题的提出 ｜ 文献研究　专家咨询　实地调研　逻辑分析

中国全面深化改革顶层设计

国家治理　　监督　　单位治理

外部监督　财务监督　内部监督

治理变革　　　　　　理论借鉴

范围界定　职能转型　方法创新

外部监督主体　　　内部监督主体

外部多角色监督　多层次财会监督　内部嵌入式监督

财会监督制度

国外可资借鉴的案例与经验

模式　路径
政策　机制

制度分析：中国国家治理体系下财会监督制度及国外经验借鉴 ｜ 制度演化　比较研究　层次分析　案例研究　归纳演绎

财会监督内涵与本质　　财会监督主体

财会监督职能　　财会监督客体

财会监督基本假设

财会监督目标　　财会监督原则

财会监督要素

监督环境　监督标准　监督资源　监督程序　监督反馈

理论构建：国家治理框架下财会监督的理论框架 ｜ 逻辑推理　文献研究　归纳演绎

单位内部财会监督：基于内控视角　　再监督　　财政等政府部门

监督目标　　　　财政监督　财务监督　会计监督

组织架构设计　监督模式设计

业务流程设计　　监督

财会行为监督　　　　利益相关者

财务监督　会计监督

路径优化

优化原则　实施主体　实施目标　实施模式

多元共治：多层次财会监督体系服务国家治理的路径优化 ｜ 制度分析　案例研究　访谈调研　层次分析　归纳演绎

多层次财会监督体系的协同机制

新"三位一体"财会监督体系协同机制　　财会监督与其他九大监督共享协同机制

监督制度顶层设计

完善财会信息披露机制　持续优化单位内控机制　利益相关者财会监督　政府间财会监督机制　政府外部财会监督机制　明确分工和合作机制　检查方案相互配合机制　监督工作信息共享机制　检查结论共享机制

确保政治、经济、社会生态正常和完善

协同发力：多层次财会监督体系服务国家治理的协同机制设计 ｜ 成本分析　专家访谈　层次分析　机制研究　逻辑分析

图1-2　研究基本思路

1.4.3 研究方法

本书研究方法主要采用了规范研究中的演绎法、归纳法、比较研究法和文献研究法，以及实证研究中的问卷调查法、实地访谈法和案例研究法。

（1）演绎法和归纳法

本书在界定基于国家治理视角的财会监督基本概念时，主要运用演绎法。在总结国内外财会监督实践经验时，采用了归纳法；在设计多层次财会监督体系服务国家治理的协同机制时，主要采用了归纳法。而在构建国家治理视角下的财会监督理论框架时，是演绎法和归纳法相结合。

（2）比较研究法

目前我国关于财会监督的研究还不够系统，研究者们对某些基本理论问题还存在分歧，并未达成共识，将这些分歧、认识进行比较研究，求同存异，有助于厘清一些关键的概念、关系、原则、任务等。例如，本书在厘清"财会监督"的三个方面、"财政部门的财会监督"、"单位内部的财会监督"和"中介机构的财会监督"的概念时采用了比较研究法。再如，本书在探讨国内外财会监督的实践时，也采用了该种方法。

（3）文献研究法

作者在本书文献综述部分和相关理论基础部分采用该种方法，收集大量的文献资料，从中进行归类、汇总和甄别，找出其中的规律。

（4）问卷调查法

问卷调查法被广泛地应用于社会生活的各个领域，本书在了解单位内部财会监督的现状和中介机构财会监督的现状时，采用了这种方法。

（5）访谈调查法

本书在了解财政部门财会监督现状的时候采用该种方法，主要是通过对该单位有关部门、科室、人员进行实地调研与访谈获取相关的研究资料。

（6）案例研究法

针对目前我国财会监督的实践，选取典型政府部门、财会工作中介机构和企业单位进行案例调查，通过事实阐述到证据发现再到归纳总结的定性研究法，形成基于国家治理视角的财会监督体系，从而优化多层次财会监督服务国家治理的路径。

第 2 章

关键概念界定和相关理论基础

本章首先对本课题涉及的一些关键概念进行了界定，如国家治理、财会监督等，使后文的讨论建立在较为一致且清晰的概念之上，避免了一些不必要的争议。随后，介绍了指导本课题研究的理论，包括治理理论、委托代理理论等，它们将被用来指导构建国家治理视角下财会监督的理论框架以及探索多层次财会监督体系服务国家治理的路径与协同机制。

2.1 ———————— 关键概念界定 ————————

2.1.1 国家治理

在政治学研究中，"国家治理"是一个相对较新的概念，关于其内涵和外延，学术界尚未达成共识。其中，关于治理概念内涵的讨论主要集中在两个方面：第一，治理有强烈的非中心和社会导向的内涵；第二，治理就是问题的有效解决。改革开放以来，中国在市场、国家和社会三个领域迅速成长。市场和社会的发展在一定程度上倒逼着国家从"管理"走向"治理"①。

———————————

① 高奇琦，阙天舒，游腾飞. "互联网+"政治 大数据时代的国家治理［M］. 上海：上海人民出版社，2017.

"国家治理"无论是与"国家统治"还是与"国家管理"相比，均存在本质上的区别。国家治理概念强调转型社会国家发挥主导作用的重要性，同时也考虑到了治理理念所强调的社会诉求，是一个更为均衡和客观的理论视角①。因此，国家治理的概念是在扬弃国家统治与国家管理两个概念的基础上提出的一个新概念②，至少包括以下三层内涵。①多元参与。国家治理主体至少有四个：国家或者政府、市场经济体系所构成的主体、社会组织、公民自身③。②多向互动。国家治理强调多元治理主体不是孤立存在的，而是一个"以合作、协商和伙伴关系为特征的纵横交错、多向互动的网络体系"④。③多制并举。"现代治理体系的基础是以民为本的现代人文价值观和为捍卫和弘扬这一价值体系而设计并建立的制度体系"⑤，制度体系不同于制度章程，是一个融合多种制度的协同体，是一种交叠重合的治理结构。

2.1.2　财会监督

在上述"国家治理"概念的基础上，我们从国家治理体系和治理能力现代化的背景出发，重新审视财会监督的概念。同理，国家治理视角下的财会监督也应该是多元参与、多向互动和多制并举的，它是财政监督、财务监督和会计监督的总称，它在一定程度上保障了财政活动、财务活动和会计活动的合法、有序和可靠，有利于促进社会公平正义、维护经济秩序良性运转、保障社会稳定发展。国家治理视角下的财会监督具有监督内容丰富、监督环境复杂、监督范围广泛和监督方式多样等特点。更详细的讨论见本书"4.1.1 财会监督的内涵"。

2.1.3　财政部门的财会监督

在整个财会监督体系中，财政部门的财会监督处于比较特殊的地位，具有鲜明的特点，拥有双重身份，即财政部门除了是一级行政单位之外，

---

①　徐湘林. "国家治理"的理论内涵 [J]. 人民论坛，2014（10）：31.
②　何增科. 理解国家治理及其现代化 [J]. 马克思主义与现实，2014（1）：11-15.
③　胡伟. 国家治理体系现代化：政治发展的向度 [J]. 行政论坛，2014，21（4）：1-4.
④　唐亚林. 国家治理在中国的登场及其方法论价值 [J]. 复旦学报（社会科学版），2014，56（2）：128-137.
⑤　蓝志勇，魏明. 现代国家治理体系：顶层设计、实践经验与复杂性 [J]. 公共管理学报，2014，11（1）：1-9.

还是财会监督工作的主管部门。财政部门本身作为政府部门，是一级行政单位，自身也存在财政财务活动和会计活动，自身也需要加强对其财会活动的监督，因而也存在对财会监督的需求。《中华人民共和国会计法》明确要求各单位应当建立和完善本单位内部财会监督制度。据此，财政部门也要对其自身财政活动、财务活动和会计活动建立健全监督制度。显然，这属于内部财会监督范畴。

但是，财政部门又是作为财会监督工作的主管部门，在推动形成财会监督工作长效机制、找准财会监督长期着力点方面发挥着重要的引领功能。《中华人民共和国会计法》要求财政部门对各单位实施会计监督，这属于外部财会监督范畴。从这个角度来说，财政部门的财会监督又具有行政监督的性质。在层级制的一般行政监督与制约结构中，上级财政部门是下级财政部门的监督主体，同时下级财政部门也是上级财政部门的监督主体，各级人民政府是其所属财政部门的监督主体。财政部门也是其他职能部门的监督主体，如财政部门有权对政府各部门的财政收支问题和行政事业性收费进行监督等。

财政部门财会监督基本框架如图 2-1 所示。

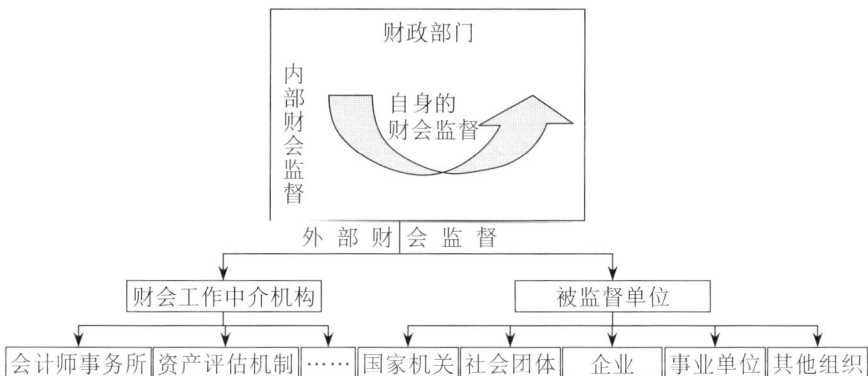

图2-1　财政部门财会监督基本框架

2.1.4　单位内部的财会监督

《中华人民共和国会计法》要求：各单位应当建立、健全本单位内部会计监督制度。显然，这里是指单位内部加强会计监督。根据前述财会监督的概念，在国家治理的视角下，单位内部的财会监督，除了对会计活动进行的会计监督外，还应当包括单位内部财政监督和单位内部财务监督，分别对单位的财政活动和财务活动进行监督。

2.1.5　中介机构的财会监督

中介机构的财会监督主要是指借助财会中介机构的力量对被监督单位进行财会监督。例如，会计师事务所、资产评估机构等中介机构独立于企业与政府，利用专业特长从事与财会监督相关的业务。

2.2 ————————相关理论基础————————

2.2.1　治理理论

面对现代国家与社会关系的变迁、社会政治秩序与结构的变化，治理理论成为了分析现代政治、行政权力架构及公共政策体系特征的有力工具和思想体系。联合国全球治理委员会（1995）认为，治理是各种公共的或私人的机构和个人管理其共同事务的诸多方式的总和。治理是一套规则体系和制度安排，不仅包括正式的组织和制度，而且包括非正式的组织、制度和规则等。与统治相比，治理的内涵更丰富，既包括正式的政府机制，又包括非正式的非政府机制[①]，其主体不仅包括政府，而且包括公民社会行为，治理是社会合作的过程。从政治学的角度看，治理就是对公共事务的管理过程，其目的是在各种不同的制度关系中最大限度地增进公共利益[②]。治理是一个超越政府的网络，治理理论认为，在许多公共问题上，单靠政府努力是不够的，政府有必要与商业部门、志愿部门和市民社会联结起来[③]，形成资源共享、彼此依赖、互惠和相互合作的机制与组织结构，形成纵向、横向或相互交叠的网络。

---

① 詹姆斯. 没有政府的治理 [M]. 南昌：江西人民出版社，2001：4-5.
② 俞可平. 治理与善治 [M]. 北京：社会科学文献出版社，2000：5.
③ 奥斯特罗姆，比什，奥斯特罗姆. 美国地方政府 [M]. 井敏，陈幽泓，译. 北京：北京大学出版社，2004.

治理是人们解决问题方式的转变，从完全利用集体的（政府的）力量来解决公共问题转向综合运用多种力量和手段来回应和解决问题。治理本身就暗含了市场力量在治理过程中的介入和参与。治理是各方利益的良性互动与合作，是国家、政府与社会力量之间的合作与博弈①，其追求的目标是善治。善治是政府与公民对公共生活的合作管理，是政治国家与市民社会的一种新型关系，是两者的最佳结合状态，以实现公共利益的最大化。只有公民组织大力发展和公民积极参与公共事务，治理才能得以运转。

总之，治理主体是多元的，政府不是国家唯一的权力中心，各种民间组织如非政府组织、协会、志愿性组织等同样是合法权力或权威的来源。治理结构由金字塔式的等级制走向相互交错的网络。公私之间界限模糊，各组织之间互相合作，在各种组织和个人参与的基础上，最终通过形成一个合作的网络来分担各种公共事务和责任。治理过程体现为协商、谈判、上下互动的权力运作模式。治理建立在市场原则、公共利益和认同的规则之上，其运作模式是多元协商、合作互动的。治理理论要求政府角色重新定位，在国家与社会关系的深刻变革中，政府要顺应这一变化，政府职能、结构、权力运作方式都要进行调整。在治理过程中，公民社会承担越来越多的责任，公民社会是治理的社会基础和物质基础。治理主要是一个政府与各种个人与组织合作解决社会公共问题、促进社会公共利益的过程。②

2.2.2 委托代理理论③

委托代理理论是关于如何解决代理人问题的理论。委托代理理论自20世纪60年代末70年代初兴起后，被广泛应用在以两权分离为特征的现代公司制企业，尤其是股份制企业中。经过40多年的发展，委托代理理论在经济学的很多领域，如就业、保险、投资等方面得到了广泛应用，并且逐渐被用于分析政府的委托代理问题。与此同时，委托代理分析方法已

19

① 杨光斌. 公民参与和当下中国的治道变革 [J]. 社会科学研究，2009（1）：18-30.
② 赵光勇. 政府改革：制度创新与参与式治理 [M]. 杭州：浙江大学出版社，2013.
③ 转引自况玉书. 政府内部控制理论框架构建及应用对策研究 [M]. 北京：经济科学出版社，2018：27-28.

经从传统的单个委托人和单个代理人任务扩展到了多个代理人、多个代理任务。

一般认为，委托代理产生的主要原因有信息不对称、契约不完备、契约双方的效用目标不同。在这些原因的共同作用下，便产生了代理问题。到目前为止，委托代理理论研究中的代理问题一般是指"逆向选择"和"道德风险"。逆向选择是指经济主体一方（通常指的是代理人）为了追求自身效用的最大化，采用谎报或者隐瞒等方法使得委托人无法了解代理人的真实情况，进而无法确定代理人是否能够更好地满足委托人的要求，在这种情况下双方签订了有利于代理人的合约，代理人据此谋取了不该占有的职位和不该得到的利益。道德风险则是指代理人在合约签订之后，利用自己拥有的信息优势，通过要素投入的减少或者机会主义行为等方式最大限度地增进自己的效用，同时做出降低组织效率、损害他人利益的行为，如在实际工作中可能表现为损公肥私、出工不出力、不负责任，甚至在职消费过度等。为了避免代理人在签订合约前后出现逆向选择和道德风险问题，尽可能地减少代理人因偷懒、不负责任、以权谋私等行为给委托人利益带来的损失，为维护自身利益，委托人需要对整个代理过程进行监督。委托人为规范代理人行为，抑制代理人上述不良行为所花费的费用及付出的代价即构成其代理成本。广义的代理成本是指逆向选择的机会成本、道德风险的机会成本与信息费用之和。其中，信息费用是指委托代理合约签订前后对代理人私有信息的识别、合约签订以及对代理行为的监督而花费的时间、精力和资金。狭义的代理成本仅指道德风险和逆向选择的机会成本。

委托代理问题的解决途径主要是通过设计较为完善的制度最大限度地降低委托人的损失。这类制度主要包括监督机制和激励机制，前者的目的是抑制代理人的不良动机和行为，后者的目的是激发代理人的责任心和创造性，从而避免逆向选择行为，减少道德风险。

2.2.3　信息不对称理论

诚如弗里德里奇·哈耶克（Friedrich August Hayek）所言，资源的任何配置都是特定决策的结果，而人们做出的任何决策都基于给定的信息。

因此，经济生活中所面临的根本问题不是资源的最优配置问题，而是如何最好地利用分散在整个社会中的不同信息，因为资源配置的优劣取决于决策者所掌握信息的完全性与准确性。

信息经济学的研究表明，在现实经济生活中，各当事人所掌握的信息不仅是不完全的，而且是非对称的。所谓信息不完全性就是指由于人的有限理性，人们所掌握的信息不可能预见一切；由于外在环境的复杂性、不确定性，人们所掌握的信息不可能无所不包。所谓信息非对称性，是指一方持有与交易行为相关的信息而另一方不知情，而且不知情的一方对他方信息的获取或验证由于成本高昂而无法实现。

对于信息的非对称性，人们可以从两个角度划分：一是非对称发生的时间，二是非对称信息的内容。从非对称发生的时间看，非对称性可能发生在当事人签约之前，也可能发生在签约之后（分别称为事前非对称和事后非对称）。研究事前非对称信息的模型为逆向选择模型，研究事后非对称信息的模型为道德风险模型。从非对称信息的内容看，非对称信息可能是指签约方的行动，也可能是指签约方的知识（信息）。①

2.2.4 利益相关者理论

利益是一定的客观需要对象在满足主体需要时，在需要主体之间进行分配时所形成的一定性质的社会关系的形式。②利益同其他社会关系范畴一样，也是由主体、客体及中介三个要素构成的。利益主体就是利益的拥有者。利益是相对于一定的利益主体而言的，不属于任何主体或者没有主体的利益是不存在的。在现实社会中，利益主体既可以是个人，也可以是某种群体或者组织。利益客体就是利益的载体或者承担者，是人的需要所指的对象。利益中介是把利益主体与利益客体联系起来的中介要素，它就是利益相关者的活动。③

关于利益相关者概念的表述层出不穷，大致经历了一个从"利益相关者影响"到"利益相关者参与"的过程。概括起来，利益相关者有广义和

① 林志毅. 股票市场会计信息披露制度相关问题研究［D］. 厦门：厦门大学，2000：12-13.
② 王伟光. 利益论［M］. 北京：中国社会科学出版社，2010：81.
③ 张玉堂. 利益论：关于利益冲突与协调问题的研究［M］. 武汉：武汉大学出版社，2001.

狭义之分。广义的利益相关者以美国经济学家弗里曼（Freeman）为代表，他在《战略管理：一种利益相关者的方法》一书中指出，"利益相关者是能够影响一个组织目标的实现或者能够被组织实现目标的过程影响的所有个体和群体"[①]。这一定义给出了一个普遍的利益相关者概念，为管理者提供了一个较为全面的利益相关者分析框架。从狭义的角度看，利益相关者需要进一步从上述提到的影响的性质进行区分。如果这种影响是直接的，则该利益相关者就需要被考虑；如果这种影响是间接的，则不应将其纳入利益相关者的行列。

一般来说，利益的主体和客体互为利益相关者。对众多利益相关者进行分类是至关重要的。目前，国内外对利益相关者分类研究取得的成果主要集中在"多维细分法"和"米切尔评分法"。"多维细分法"主要是从多个角度细分利益相关者的思路出发推进利益相关者理论的发展。例如，Charkham 按照相关者群体与企业合同关系的性质，将利益相关者分为契约型（Contractual Stakeholders）和公众型（Community Stakeholders）。"米切尔评分法"则给出了基于利益相关者特征属性的定量化评分法。该方法根据利益相关者的特征（合法性、权力型、紧迫性），将利益相关者细分为确定型（Definitive Stakeholders）、预期型（Expectant Stakeholders）和潜在型（Latent Stakeholders）。

利益相关者理论早期主要运用在企业管理中，但随着利益相关者理论和公共管理理论的不断发展，利益相关者理论也越来越多地被应用到了公共管理中。

2.2.5 寻租理论

塔洛克（Tullock）于 1967 年提出了寻租理论的相关思想，克鲁格（Krueger）于 1974 年在探讨国际贸易中保护主义政策成因的一项研究中，将"寻租理论"作为一个理论概念正式提出。

作为现代经济学理论的一个分支，寻租理论被广泛地运用于分析腐败问题。值得注意的是，腐败不完全等于寻租，寻租也不等于腐败。但是寻

---

① FREEMAN R E. Strategic management: A stakeholder approach [M]. Boston, MA: Pitman, 1984.

租理论有助于我们认识公共行为与腐败之间的关系，并从公共行为的角度，消除或者遏制腐败。这是因为寻租的分析往往会涉及权力的作用，并且其所分析的资源的非合理配置往往与滥用权力、损公肥私有关，所以寻租理论常常被政治学者、行政学者等研究者看作分析公共权力滥用和腐败的有力工具，用来分析公共权力腐败的原因，并据此提出预防和遏制腐败的方法。①

初期寻租理论中所探讨的"租金"是指因政府的不恰当干涉和管制导致市场竞争倾斜，进而人为地致使个别资源的减少而形成的超额利润。经济学家们认为，出现这些问题的根源来自政府的不恰当干涉。巴格瓦蒂（Bhagwati，1982）依托这一构想进行了进一步分析研究并将此类寻租活动扩展为追求直接的非生产性利润的活动（Directly Unproductive Profit-seeking），该学者将组织通过此类活动获得的利润称为直接的非生产性利润，同时指出，寻租活动可以被归纳为四种类别：政府为保护经济而产生的管控行为导致的寻租活动、利益集团为寻求私人利益最大化而产生的寻租活动、为使政府政策有助于利益集团而开展的寻租活动、为逃避政府管制而开展的寻租活动。目前，寻租理论主要为巴格瓦蒂思想的进一步发展和丰富，具体而言是将寻租活动定义为人类社会中为寻求、维护、再分配经济利益或既得经济利益的非生产性活动。②通俗地讲，我们可以将寻租定义为个人或组织耗费稀缺资源，通过控制或影响资源分配的管治者，攫取一种额外的利益或好处的行为，这种额外的利益或好处是一种人为创造的财产的转移。

我国市场经济尚处于不完备阶段。在这样的阶段，由于公共部门在配置资源中起着举足轻重的作用，尤其是在稀缺资源的配置中，远不止是充当"守夜人"的角色，就使得公共部门成了各利益集团寻租的猎物。概括地讲，当前我国寻租活动主要集中在几个"点"上，即权力的集中点、体制转换的交汇点、监督系统的乏力点、法律政策的滞后点以及人、财、物

---

① 纪利平. 试论教育寻租与高校腐败［C］//北京教育纪检监察工作研究会2007年年会，北京：2008.
② 梁精华，梁军. 基于寻租理论的高校二级学院廉政风险防控探究［J］. 高教论坛，2021（12）：101-103.

需求的关键节点。①

2.2.6　协同理论

协同理论以哈肯的协同论、安索夫的协同定义公式、卡普兰和诺顿的组织协同、康德的关系范畴等为代表，主要以开放系统为研究对象，探讨如何通过内部的协同来适应与外部的物质、能量及信息交换，最后形成时空与功能上的有序结构。

1969 年，德国科学家赫尔曼·哈肯（Hermann Haken）第一次提出"协同学"（Synergetics）这一概念，他认为协同就是一门协作的科学。他对协同的界定是："系统的各部分之间相互协作，使整个系统形成微观个体层次所不存在的新的结构和特征。"②哈肯的协同论认为：世界万物都普遍存在有序、无序现象；在特定情境下，有序与无序能互相转化；无序就是混沌，有序就是协同。③哈肯的协同论强调：在系统秩序的形成过程中，大多数情况下合作都起着主导作用；没有部件之间的有效合作，所有的有机体都不能存活；从混沌到秩序，合作具有必然性。协同论坚持从系统的角度解释自组织现象，明确指出微观层面的个体活动需要遵循宏观规律，所以掌握宏观规律更加重要。这也是本书从全局角度研究财会监督体系服务国家治理的理论基础。哈肯强调，"自组织过程和自发的合作秩序，可以更有效率和效益，即维持成本低，稳定时间长"。

美国战略理论专家伊戈尔·安索夫（Igor Ansoff）于 1965 年在管理学界首次提出"协同"④的概念。安索夫运用投资收益率（ROI）确定了协同的经济学内涵，他指出，各业务单元间的有机协作能使企业整体价值大于各部分价值的简单加总，产生"2+2=5"⑤的协同效应。安索夫不仅关注到了公司（企业）内部各业务单元之间的协同，也提及了企业间的协同现象。在他看来，企业间协同是企业群体的业务协同表现，不同企业可以

---

　　①　纪利平. 试论教育寻租与高校腐败 [C] //北京教育纪检监察工作研究会 2007 年年会, 中国北京, 2008.
　　②　哈肯. 协同学：大自然构成的奥秘 [M]. 凌复华, 译. 上海：上海译文出版社, 2001.
　　③　鲍勇剑. 协同论：合作的科学——协同论创始人哈肯教授访谈录 [J]. 清华管理评论, 2019（11）：6-19.
　　④　哈肯于 1969 年创建"协同论"后，协同的概念被人们普遍接受。
　　⑤　"2+2=5"是指两家公司兼并后，其产出比兼并前两家公司的产出之和还要大。对于横向兼并而言，"2+2=5"效应主要体现在管理协同效应和营运协同效应两个方面。

在资源共享的基础上实现共同成长。这也是本书第8章将财会监督协同机制分为财会监督体系本身的协同机制和财会监督与其他监督之间的协同机制的原因。

平衡计分卡的创始人罗伯特·卡普兰（Robert S. Kaplan）和戴维·诺顿（David P. Norton）在《组织协同》一书中指出，组织协同是一项关键的管理流程，它将企业、业务单元、支持单元、外部合作伙伴、董事会与公司战略衔接起来。[①]卡普兰和诺顿认为组织协同的来源分别是财务协同、客户协同、内部流程协同、学习和成长协同，并将这一评价体系命名为"平衡计分卡"（Balanced Score Card）。

康德范畴学说的提出是西方哲学范畴发展史上的一个关键点。康德在《纯粹理性批判》中提出了纯粹知性的四大原理体系。协同性原理属于第三原理，即关系原理。协同性原理是按照交互作用的法则同时并存的原理，一切实体就其能在空间中被知觉且同时并存而言，都处于彻底的交互作用中。协同性只在交互作用中存在，"同时"的意义在于作用和反作用同时发生，而交互性是万物存在的根本规则。康德认为，万事万物只有在协同性中才能现实存在，凡是需要认识的都要和其他事物发生作用。按照康德范畴表中关于关系范畴的描述，协同是主动与受动之间的交互作用。

随着数字技术的快速发展、行业边界的融合以及创新价值的不断涌现，疫情之后的协同工作模式，以及企业间、组织间的合作共生，越来越凸显其价值优势。人们开始从关注竞争，转向关注协同，也从理解自身发展，转向理解自身与外部的共生发展。[②]

25

　　① 卡普兰，诺顿. 组织协同：运用平衡计分卡创造企业合力 [M]. 刘俊勇，刘睿语，罗紫菁，等译. 北京：商务印书馆，2006.
　　② 陈春花. 协同共生论 [M]. 北京：机械工业出版社，2021.

▶▶ 第 3 章 ◀◀
国内外财会监督的实践

本章主要基于国家治理的视角，回顾了国内外财会监督的实践活动，并从中总结经验和得出有益的启示。财会监督是世界各国共同关注的课题。由于国体、政体以及国家机构设置等存在差异，各国的财政监督又各具特色，具有自己的独到之处。本章主要是从国家治理的角度，以财政部门的财会监督为主线进行综述。

3.1 ——————— 国内实践 ———————

中华人民共和国成立后，财政工作开始走上正轨，财政监督工作（财会监督工作的前身为财政监督）应运而生，回顾过去的发展历程，财会监督工作大体经历了五个阶段①。

1）第一阶段：1949—1978 年

在党的十一届三中全会召开之前，我国实行的是统收统支的财政体制。因此，财会监督在当时的主要任务是对全国企事业单位财务收支、执行财税政策等经济事项，进行经济监督和控制、堵塞财政流失漏洞、维护财经纪律、挖掘收支潜力、促进增产节约；主要采取的是直接干预式的监

---

① 转引自：赵虎. 新中国成立以来财会监督工作的回顾与展望（上）[J]. 财政监督，2022（4）：74—79.

督形式，对企业财务管理和经济核算进行监管。

2）第二阶段：1979—1993 年

随着党的十一届三中全会的胜利召开，我国社会主义市场经济体制开始逐步形成。我国进入了一个新的发展时期，当时财政管理的重心是保障改革开放，增加人民收入，该时期的财会监督工作主要是对单位和个人的财务收支活动进行监管，查补国家财政收入，平衡财政收支，严肃财经纪律，治理整顿经济秩序。相应的检查方式以专项检查、查办案件和查补收入为主。

3）第三阶段：1994—1998 年

1994 年国家开始实行分税制改革，伴随着分税制改革的推进，财会监督工作也在不断转变监督理念和思路，适时调整监督重点和方向。一是监督理念方面，开始从检查型监督逐步向管理型监督转变；二是监督内容方面，从注重查补收入向收支并重转变，从外部监督向内外监督兼具转变；三是监督方式方面，从事后专项检查向事前、事中和事后的全过程监督转变；四是监督目的方面，从"纠错"型监督向"预防"型监督转变，从安全性、合规性监督向效益性监督转变。同时，开始建立健全财会监督专职机构的建设，逐步完善监督法规制度体系，稳步推进财会监督机制的建设。

4）第四阶段：1999—2012 年

在这一时期，财会监督主动适应公共财政建设的要求，拓宽监督范围、调整监督模式、转变监督方式，逐步发展成为财政管理中的重要组成部分。一是拓宽了监督范围，开展了内部审计工作，完善了财政内部监督制约机制和体系；二是调整监督模式，形成了日常监督检查与专项监督检查相结合的监督模式；三是转变监督方式，强化了金融和会计信息质量监督检查，奠定了对注册会计师行业的监管基础。坚持以对会计师事务所的监管为抓手，发挥中介机构的传导作用，推进会计信息质量提升，并实施会计信息质量和注册会计师行业执业质量相互延伸的监督方式，提高了监督成效。

5）第五阶段：2013 年至今

党的十八大以来，国家将财政视为国家治理的基础和重要支柱，财会监督工作也随之进行了调整优化以适应财政改革的需要。财会监督被纳入党和国家监督体系的重要组成部分，与财政主体业务不断深入融合，推动中央重大财税政策落地、保障财政资金安全高效运行、切实维护规范的市场经济秩序、有效推动防范财政业务廉政风险的财会监督机制和制度体系得到进一步完善，财会监督水平不断提高。

3.2 国外实践①

3.2.1 法国的公共会计监督

法国财政监督的突出特色在于公共会计监督，法国公共会计在财政监督中扮演着重要角色，其涉及范围极广，几乎覆盖了法国所有的公共部门和非营利组织部门。

法国制定了完备的公共会计制度，为公共会计有效发挥监督作用提供了有力保障，具体表现在以下几方面。

（1）法国公共会计制度的成功之处在于：一是保障公共会计人员的独立性；二是坚持决策权和监督权相分离。

（2）公共会计监督有法可依，具有较强的法律保障。法国出台的《会计总方案》要求，公共会计按照其统一规范格式进行披露和报告。

（3）对公共会计人员的严格管理保障了会计监督的有效运行。首先，审计法院对公共会计进行直接监督。其次，公共会计实行职业保险制。最后，公共会计实行终身责任制。公共会计因各种原因，如离职、退休等，离开原单位时，审计法院会对其负责的一切账务进行审计，当确定无任何违法违规问题后，为其签发一份"卸清责任证明书"。如果审计出问题，不管此公共会计身处何方，就算他不在人世了，也要以其先前在保险公司的抵押资产进行赔偿。赔偿之后，才能发给其"卸清责任证明书"。"卸清责任证明书"对每个公共会计人员来说都意义重大。

---

① 转引自：王银梅. 国外财政监督实践综述及启示 [J]. 财政监督，2012（21）：24-27.

3.2.2　美国的国会监督

在美国，财政资金运行的各环节都应接受国会的监督，而且国会具有绝对财政监督权。

（1）国会内部设置有完备的预算监督组织机构。

①预算委员会。主要任务是综合分析预算情况，一是比较预算收入与预算支出，比较各项预算支出；二是对预算收、支、余亏以及债务总规模做出规定，并且提交国会。

②拨款委员会。其主要任务是向国会提出拨款建议和报告，国会根据拨款委员会的建议和报告通过相关拨款法案。

③拨款小组委员会。在美国，真正拥有预算拨款权的是拨款小组委员会，它提出的建议和报告又是拨款委员会提出相应建议和报告的依据。

④国会预算局。国会预算局主要由不同领域的专家构成。国会预算局的任务主要是协助国会编制预算，如对经济形势进行预测和分析、对预算项目进行专题研究、对国家政策进行评价等。

⑤审计总署。审计总署隶属国会，与政府保持独立关系。其审计范围覆盖政府部门的财务以及各项财政支出和国家决算。

（2）国会建立了详尽的财政监督程序

①在预算形成过程中有详细决策和监督程序。共分三大步骤，即提交预算报告→拟订授权法案和拨款法案→审议通过预算草案。第一步由总统完成；第二步比较复杂，由国会预算局、预算委员会和国会两院各委员会共同完成，但基于各自不同的分工开展工作、进行监督；第三步由全院大会完成，并由总统最后签字确认。

②对预算执行过程的监督。一是监督课税和举借债务。有关征税和举借债务的法案只有众议院有权提出，而且征税目的也有明确规定，包括偿还债务，加强国防和提高公民福利。二是控制拨款。对拨款各项内容都做出了明确的规定，如拨款用途、拨款时效、拨款金额上限、拨款调剂限制等。国会委员会有权要求支出机构以书面形式汇报用款进度，符合要求后才可以得到后续拨款。每项新的拨款计划从立项到实施，都必须受国会授权法案和拨款法案的双重监控。此外，还必须由审计总署核准，且符合国

会拨款限额。三是控制预算变更和临时性拨款。美国的预算变更具有严格的法律规定。法律明确规定，必须有1/3以上的议员同意，预算变更才有效，否则预算变更行为属于违法行为，相关责任人必须承担法律责任。如果截至9月30日，国会还没有确定授权法案和拨款法案，或者拨款法案被总统否决，那么国会应及时通过延续决议，参照上一财年支出，先临时拨款，直到有关拨款法案通过为止。

③审计监督预算执行结果。一是派驻监察代表对预算执行结果进行监督。各个行政部门都有国会派驻的监察代表，主要进行日常检查。对于检查中发现的问题直接向国会汇报。二是审计总署审计监督决算。审计范围涵盖联邦预算执行结果、联邦及各行政部门的内部财务、收支情况以及收支的合法合规性和绩效。此外，还可根据国会的安排，进行特别审计。美国审计监督的突出特点在于审计总署还拥有法律赋予的主动审计权限，进行绝对独立于政府的有效审计。三是国会两院各委员会评估预算执行结果。国会两院各委员会在接到驻监察代表和审计总署的监督报告后，以听证会等方式对预算执行结果进行评估。评估的作用在于决定是否对某一部门、某一项目进行后续拨款。而且一旦查出行政部门有严重问题，国会将追究相关责任人的政治和法律责任。

（3）日本的会计检察院监督

日本的会计检察院是审计监督机构，它由检察官会议和事务总局构成。其中检察官会议具有最高决策权，是最高领导机构，有三名检察官，检察院检察长是从这三名检察官中产生的。这三名检察官具有平等的地位，各项决策采取合议制，各项重大问题由三名检察官进行商讨后达成一致意见。事务总局是会计检察院的执行机构，负责日常工作。事务总局还设有一些业务司局作为下属单位，这些业务司局都有自己确定的职能范围。会计检察院的活动经费来源于国家财政。

日本会计检察院的审计对象包括必审对象和选审对象。会计检察院可根据自身的工作情况灵活安排对选审对象的审计活动。会计检察院在对审计对象进行审计时，侧重于审计财政活动效果和财政行为的正确性、合法合规性、经济性和效率性。

日本会计检察院的审计内容主要包括中央财政收支和国有资产经营，

其中中央财政支出审计又是重中之重。会计检察院对中央财政支出的审计具有全面性和多次性等特点。一是全面性。审计活动涵盖所有的中央财政支出。二是多次性。对每项财政支出都要进行两次审计（预算草案审计和决算审计）。第一次是对预算草案进行审计。会计检察院审计预算草案后，会将该草案和审计报告一起提交给国会。审计内容主要包括预算支出结构和绩效。第二次是对决算进行审计。通过审计发现确定是否存在财政资金的违法违规使用现象，以防止财政资金的挪用、流失和浪费。除此之外，会计检察院还要对一些特别支出（尤其是社会保障支出和经济建设支出）的绩效进行评价，并附上改进建议，以便政府和国会作出必要的处理或改进。会计检察院的审计报告通过首相转呈议会，首相在转呈过程中，可以附加说明其不同意见，但没有权力修改审计报告。议会对审计报告进行审议后做出决议。除了向议会呈送审计报告外，审计结果还向社会公布以接受社会监督；向审计对象公布，要求其对存在的问题进行整改。审计对象的整改情况还应在下一财年报告给国会。

日本会计检察院审计包括四大环节，即审计计划、审计实施、分析和研究审计结果以及审计报告。审计人员主要依据《会计检察院法》和其他相关法律法规对审计对象进行审计。

国外财会监督情形见表3-1，通过对几种具有代表性的财政监督体系的剖析与整理，可以看出各国的财政监督体系都有其独特之处。

表3-1 　　　　　　　　　　**国外财会监督情形**

项目	内容	备注
监督主体	设置派出机构，监督主体的设置与国家的监督制度相结合，并有较高的独立权威	如：美国的财政总监对国会负责，由总统直接任命
监督对象	国家的预算编制、预算执行、企业、社会组织等	强调对征纳税双方的监督，审核时更注重事前和事中阶段
监督人员	重视人才队伍建设，培养专业胜任能力和良好的职业素养	如：法国的财政部部长可以直接任命财政监督负责人，有较长的工作年限要求，并在法国全国设有公共会计岗位

项目	内容	备注
监督方式	善于利用信息科技，强调日常监督和专项监督的协调配合，重视事前和事中环节的监督	有专门法规明确监督人员的任免和处罚制度；有发达的信息网络技术；注重监督体系的法治化、现代化
监督权力	信息传递权、审核权、记录存放权、纠错制止权、建议权等	监督检查的权力等级一般相对较高

3.3 国内外实践经验与启示

自中华人民共和国成立以来，我国的财会监督经历了5个阶段，在发展过程中虽有过一些曲折，但每一个阶段都取得了一定的成效，概括起来，主要包括：财会监督职能得到了进一步发挥，有力地保障了中央重大决策部署的贯彻落实；财会监督重点进一步突出，相关部门扎实做好了财税政策落实和财政资金监督工作；绩效监督效能得到进一步提升，有力推动了现代财政体系的建立；内控内审监督成效进一步显现，不断推进完善了防范财政业务和廉政领域风险的机制和措施；会计监督权威进一步增强，进一步保障了市场经济秩序。

我国财会监督在党中央的正确领导下，通过全体财会监督人员的共同努力和社会各界的鼎力支持，也积累了一些经验，为后续发展奠定了基础，主要表现在：必须坚持围绕财政中心工作，服务大局；必须坚持依法行政，规范执法；必须坚持开拓创新，长效治理；必须坚持有机衔接，相互制衡；必须坚持开阔视野，深化合作；必须坚持队伍建设，培养人才。①

以财政部门的财会监督为考察点，国外财政监督比较完善的国家，其基本做法大致相同，比如监督体系、监督的基本程序及方式、监督机构的设置等。但由于经济、政治、文化、宗教信仰等各不相同，各国采用的财

① 赵虎. 新中国成立以来财会监督工作的回顾与展望（上）[J]. 财政监督，2022（4）：74-79.

政监督制度类型有所差异。

概括地讲，国外财政监督大体可为立法型、行政型和司法型三类。

采用立法型监督制度的国家主要有英国、美国、加拿大、澳大利亚、新西兰等。立法型财政监督制度具有独立性高、权威性强的特点，财政监督权由国会掌控，可有效避免政府行政部门的干扰。其缺点在于行政部门不能及时掌握有关财政信息，阻碍了监督效率的提高。

采用司法型监督制度的国家主要有法国、西班牙、德国、意大利、日本、希腊等。司法型监督的优点是监督主体将监督过程与司法程序联系起来，能够真正做到独立、公正与客观。其缺点在于立法机关与行政部门无法及时掌握财政运行情况，最终会影响监督力度。

采用行政型监督制度的国家主要有瑞典、瑞士等。行政型监督的最大优势是行政部门能直接掌控财政资金的运转情况，对发现的问题能及时采取相应措施。但是，行政型财政监督将财政管理权与财政监督权合二为一，不具备监督主体应有的独立性，大大降低了财政透明度。

现实中，某一个国家并不是单纯地采用一种监督类型，许多国家会同时采用两种或两种以上的财政监督类型。例如美国，兼有立法监督和行政监督。又如法国，既有司法监督，又有行政监督，法国既设有依据宪法独立进行财政监督的国家最高经济监督机关——审计法院，又设有隶属于财政部门的专门监督人员和机构，如财政监察专员、公共会计、财政监察总署和税务稽查等，对财政收支情况进行监督。由此可推导出，财政监督制度的多元化将是未来财政监督发展的趋势之一。

第 4 章

财会监督理论框架的构建：基于国家治理的视角

　　本章基于国家治理的视角，从财会监督的内涵与本质特征入手构建了财会监督理论框架，深入探讨了财会监督职能、目标定位、监督主体和对象、监督标准和内容、监督方式和时间、监督的基本原则。

　　在党的十九届中央纪委第四次全体会议上，习近平总书记特别强调要完善党和国家监督体系，提出党内监督、人大监督、审计监督、财会监督等十大监督体系，并要求各个监督系统之间贯通协调，以更好地融入国家治理体系之中。各个监督体系都是党和国家监督体系的重要组成部分，在不同的领域参与国家治理活动，在维持经济社会秩序、协调各方利益关系等方面发挥着重要的作用。财会监督与其他的监督系统切入点不一样，它是以财会信息为监督媒介和抓手实施监管工作，监视和监察督导被监督单位的经济活动。行政监督、审计监督、统计监督等其他监督体系虽然都有各自的工作重点及特点，但在一定程度上都与财会监督工作紧密联系，以财会信息为基础开展各自领域的监督工作。

　　基于国家治理的角度，全面理解财会监督的内涵，需要回答一系列的问题：由谁来开展财会监督工作，即进行财会监督的机关、组织或人员（监督主体），对谁、对什么行为进行监督，即监督主体作用的对象（监督客体），依据什么进行监督（监督标准），针对哪些事项、活动和问题进行监督（监督内容），如何进行监督（监督方式），什么时候进行监督（监督时间），为什么进行财会监督和财会监督所要实现的目标是什么（监督目标）等。这些内容便构成了国家治理视角下财会监督的要素（如图 4-1 所示）。

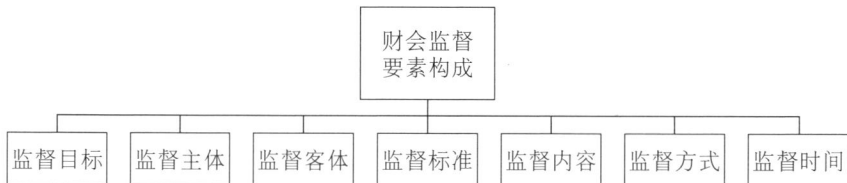

图4-1　财会监督构成要素

4.1 ———————财会监督的内涵和本质特征———————

4.1.1　财会监督的内涵

要使财会监督符合新的政治定位，实现党和国家赋予的新使命，如何基于国家治理视角全面理解财会监督的内涵首当其冲。

值得注意的是，对于财会监督问题的研究目前在我国尚处于初始阶段，学界对于财会监督的概念尚未达成共识。我们认为，对财会监督的认识应当被置于一定的环境中去全面考察。

1）历史时空观

从历史的角度看，在不同的立场和语境下，立法机构、理论界和实务界对财会监督的认识也是不一样的。有些情况下，我们将"财会监督"与"财务会计监督"、"会计监督"、"财务监督"视为同一概念，不作区分。例如，1988 年由栗劲和李放主编的《中华实用法学大辞典》（第 867 页，吉林大学出版社出版）中将"财会监督"视为"财务会计监督"的简称。根据相关的法律法规，我们又可以看到财会监督根据实施主体不同分为单位内部监督和单位外部监督。例如，《中华人民共和国会计法》（2017 年修正）第二十七条明确要求各单位应当结合实际情况建立和完善本单位内部会计监督制度。很明显，这里是指单位内部加强财会监督。又如，《中华人民共和国会计法》（2017年修正）第三十二条要求财政部门对各单位实施会计监督，在第三十三条进一步指出其他政府部门如证券监督管理部门、保险监督管理部门、中国人民银行、审计部门、税务部门应当按照有关法律法规规定的职责，监督检查有关单位的财会资料。

2）语境考察

从语义上看，"财会监督"一词是由"财会"和"监督"二词构成的。从国家治理的角度看，"财会"二字除了指"财务"和"会计"，还包括"财政"的概念，所以"财会监督"是指财政监督、财务监督和会计监督三者的统称。

而"监督"一词由"监"和"督"二字构成。在古代汉语中，"监"的意思是自上临下，监视、监督或监察。[①]"督"本义为察看[②]，意味着督导、督促、纠正，还被引申为约束、束缚、限制、牵制、制止、制约、制衡之义。"监""督"二字连用，意为监察督促，"督"以"监"为前提和基础，"监"以"督"为结果和目的，两者不可分离，前者引申为了解权、观察权，后者发展为督促权、纠正权，从而构成了以观察纠正权为主要内容特征的监督权力结构[③]。据《辞源》考证，在我国，监督一词最早[④]见于《后汉书·荀彧传》："古之遣将，上设监督之重，下建副二之任，所以尊严国命而鲜过者也。[⑤]"据史料可见，"监督"原本是一种官职，是指对派赴战场上打仗的将帅进行监察、督促而设的官名，其"目的是为保证军令的严格执行，减少失误"[⑥]。后来，"监督"一词的使用范围越来越广泛，但其基本的含义仍是指从旁察看、监视、监察、督促，防止出错并纠正错误。

在英文中，"监督"一词常被译为"superintend"或"supervise"。前者"super-"是"在上，上方"，"intend"是"计划，打算，管理"；后者"super-"同前，"-vis-"是"看见"，"-e"是动词词尾。可见，无论是"superintend"还是"supervise"，都具有上对下进行控制的含义，这些词

---

① 《说文解字》："监，临下也。"
② 《说文解字》："督，察也。"
③ 石书伟. 行政监督原论 [M]. 北京：社会科学文献出版社，2011：1.
④ 蔡定剑. 国家监督制度 [M]. 北京：中国法制出版社，1991：1.
⑤ 范晔，陈寿，房玄龄. 二十五史（第2卷）-后汉书·三国志·晋书 [M]. 上海：上海古籍出版社，1986：243.
⑥ 蔡定剑. 国家监督制度 [M]. 北京：中国法制出版社，1991：1.

既指监督，也指指挥、主管、控制，说明了监督本身即为管理，是管理活动不可分离的职能行为之一。

3）融合说

结合中英文"监督"[①]的内涵和外延，基于国家治理主体多元化的特征，本书在"监督"的含义上倾向于以下较为全面的解释："（一）临下，即上对下的监察；（二）监视、监察，这层含义与上层含义有所交叉，但又有所区别，即其还含有非上对下的监视、监察；（三）催促，督导；（四）责问、责备、督过、纠正。[②]"具体说来，国家治理视角下，本专著所指的"财会监督"中"监督"作广义理解，即不仅用于上对下的不同主体之间（"监督"的狭义概念），也用于地位平等或者大致平等的主体之间（双方或多方之间往往会形成相互牵制、约束关系）。据此，本专著将"监督"解释为"监视督促"、"监察督导"之意，在词义上，它是由"管理"一词演化而来的。其中，"监视督促"主要是指平级之间或下级对上级的监督行为，"监察督导"主要是指上级对下级的监督行为。进而结合"财会"的概念，"财政监督"主要是指对财政活动及其成果的监视督促和监察督导，其目的是保证财政活动及其成果的合规性、有效性等；"财务监督"主要是通过监视督促和监察督导财务活动及其成果，旨在合理保证财务活动及其成果的合规性、有效性等；"会计监督"则主要是通过监视督促和监察督导会计活动（如会计确认、计量、记录、报告）及其成果，旨在合理保证会计信息可靠性和相关性等。

综上所述，本书研究的"财会监督"是对"财政监督"、"财务监督"和"会计监督"的统称，主要是通过监视督促和监察督导财政活动及其成果、财务活动及其成果、会计活动及其成果，旨在合理保证财会活动合法合规、提高财会信息真实可靠性、维护经济秩序和公众利益、促进社会稳

---

① 与"监督"既相联系又有区别的一个概念是"监察"。"监察"的"监"字与"监督"的"监"字意义相同，均是指自上而下的监视、督察。在汉语中，"察"的基本含义就是细看、评审与考核，与"监"有相通之处。监督与监察为种属关系，监督中包含着监察，监察为监督的一种具体和特定的表现形式。监察是由国家机关内部特定的主体（通常为机关或组织），针对特定的对象所实施的监督活动，它具有比监督更具体、特定的内涵。而监督的主体、内涵则较监察宽泛得多，其外延也远远大于监察。监察还作为一种官制，在西方最早为古希腊、古罗马时代的监察官，在中国为秦代的监察御史。参见：侯志山，侯志光. 行政监督与制约研究 [M]. 北京：北京大学出版社，2013：51.

② 那述宇，吴延溢. 政治文明语境中的权力监督与权力制约 [J]. 内蒙古社会科学（汉文版），2003（4）：36.

定等。

4.1.2 财会监督的本质特征

财会监督的本质特征是其区别于其他监督体系的根本所在。与其他监督切入点不同，财会监督的本质是以财会信息为监督媒介和抓手开展监管工作，按照一定的目的和要求，对被监督单位的经济活动进行监察、督促，使之达到预期的目标。与其他监督相比，财会监督具有以下显著特征：

（1）财会监督对象具有广泛性。社会再生产过程不间断，对资金及其运动过程的反映就要不断地进行下去，在整个持续过程中，始终离不了财会监督。简言之，财会监督与财会活动如影随形，哪里有财会活动，哪里就需要财会监督。市场经济环境下，任何组织如国家机关、社会团体、公司、企业、事业单位等都或多或少地存在财会活动。所以，基于财会活动视角，财会监督对象就十分广泛了。

（2）财会监督具有强制性和严肃性。与其他监督一样，财会监督的依据也是相关的法律法规，它主要以财经法规和财经纪律为依据，对经济活动的合法性、合规性、合理性实行必要的监督。对于违反财经法规和财经纪律的行为，应当及时予以制止和揭露，这是财经法规赋予财会监督主体实行监督的权利。同时，财经法规也规定了监督主体的法律责任：如果监督主体放弃监督，听之任之，那么情节严重的，应给予行政处分；给公共财产造成重大损失，构成犯罪的，应依法追究刑事责任。因此，财会监督是以国家的财经法规和财经纪律为准绳的，具有强制性和严肃性。

（3）财会监督具有连续性。财会监督的连续性源于会计反映的连续性。各财会主体每发生一笔经济业务，都要通过会计进行反映，在反映的同时，就要审查它们是否符合法律、制度、规定和计划。监督主体通过财会信息对特定主体进行监控，可以揭示其财会活动中存在的问题及其产生的原因，进而促进管理当局提升管理水平，提高经济效益。

（4）财会监督具有完整性。业财融合的理念要求财会监督不仅体现在已经发生或已经完成的业务方面，还体现在业务发生过程中及尚未发生之前，包括事前监督、事中监督和事后监督。事前监督是指财会监督主体在参与制定各种决策以及相关的各项计划或费用预算时，依据有关政策、法规、准则等的规定对各项经济活动的可行性、合理性、合法性和有效性等进行审查，它是对未来经济活动的指导；事中监督是指在日常财会工作中，随时审查发生的经济业务，一旦发现问题，及时提出建议或改进意见，督促有关部门或人员采取措施予以改正；事后监督是指以事先制定的目标、标准和要求为依据，利用财会信息对已经完成的经济活动进行考核、分析和评价。财会事后监督可以为制订下期计划、预算提供资料，也可以预测今后经济活动发展趋势。财会监督的完整性可以通过财会信息系统与内部控制系统的有机结合来实现，充分发挥财会监督在组织管理中的能动性。

4.2　财会监督的基本分类

依据不同的标准，财会监督可以有不同的分类。各种财会监督制度均包含特定的监督职能和监督范围，体现自身特色。深入研究各具特色的不同财会监督制度，区别其不同特点与共性，发现其中的缺漏和冲突，才能明确各种财会监督制度的内涵，明确其相互之间的分工与配合，更好地保证财会监督效力的实现①。

4.2.1　国家财会监督和社会财会监督

根据财会监督主体获得的权力属性，可以将财会监督分为国家财会监督和社会财会监督。

（1）国家财会监督。国家财会监督是国家机关作为监督主体依法获得的一种国家权力，它是由国家机关根据法律授权，在法定的监督依据、目的、内容、权限、方式的要求下进行，并产生相应的法律后果，它的实行由国家强制力作为保障，因而成为了有效的监督方式。我国的国家财会监督集中体现在财政部门的职能监督和层级监督方面。例如，财政部××

① 考虑到财会监督与行政监督的协同点（本书"8.2.4 财会监督与其他监督之间的协同机制"有详细论述），财会监督的分类口径参考借鉴了石书伟关于行政监督分类的口径和观点。（石书伟. 行政监督原论［M］. 北京：社会科学文献出版社，2011.）

（省区市名）监管局的监督、各地级政府的财政监督检查局的监督。此外，目前我国党和国家监督体系中，党内监督、人大监督、行政监督、司法监督、审计监督和统计监督涉及资金运动的，也属于国家财会监督的范畴。

国家财会监督具有下列特征：①监督主体代表国家，监督行为具有国家权力性质，监督权力由国家通过法律授予。这是国家财会监督不同于社会财会监督的主要特征。②国家财会监督一般具有严格的规范性，监督主体、客体、权能、方式及程序等一般由法律明确进行界定。这使国家财会监督能够在法律的约束下有效地进行，并在监督者和被监督者之间形成相对稳定的监督关系。③国家财会监督所产生的法律后果具有法律约束力。由于国家财会监督的主体自身拥有或多或少的强制手段和专业化的应变能力，使其在法律监督中发挥着主导作用，地位显然优越于社会财会监督主体，这使国家财会监督比社会财会监督更能被充分地、有意识地应用。④国家财会监督既是监督主体的一项法定权能，也是监督主体的法定责任，因此，国家财会监督主体不能放弃监督权力。凡发生监督不力、违法不究、滥用职权和枉法裁判等情形时，监督主体都要承担相应的责任。

（2）社会财会监督。根据前述的治理理论，国家治理主体至少有四个，即国家或者政府、市场经济体系所构成的主体、社会组织、公民自身。所以，社会财会监督多元参与的局面符合国家治理的要求。具体说来，社会财会监督是指不具有国家权力性质的政治实体、社会团体、社会自治组织、社会舆论媒体、社会成员等，对从事财会活动的单位及其工作人员所实施的监督。目前，在我国党和国家的监督体系中，民主监督、群众监督和舆论监督涉及资金运动的，就属于社会财会监督的范畴。社会财会监督的主要特征包括：①监督主体凭借宪法和法律赋予的"权利"而实行监督，监督权不具有国家权力的属性，只是一种具有法律影响力的活动。②社会财会监督从性质上来看，是人民直接参与国家经济管理，行使当家作主权利的人民民主原则的根本体现，社会财会监督的广度与深度，反映着世界各国民主法制的发达程度。③社会财会监督与国家财会监督紧密配合，相得益彰，成为法律监督的重要组成部分。通过国家财会监督和社会财会监督，财会监督呈现的是权力监督与非权力监督、自上而下的监督和自下而上的监督紧密结合的方式，形成相互配合的财会监督网络体系，才能保证财会监督的全面性和有效性。

4.2.2　内部财会监督和外部财会监督

根据财会监督的主体和对象是否属于同一组织或同一系统进行划分，可将财会监督分为内部财会监督与外部财会监督。

（1）内部财会监督。内部财会监督又称自循环监督或自纠式监督，指财会监督主体和监督对象属于同一组织的自我约束的机制。内部财会监督又可以细分为两种具体方式：监督机构设立于本单位内部的专门监督、单位上下级之间的层级监督。例如，财政部门内设的监督处，上级财政部门监督下级财政部门，财政部派出机构财政部××（省区市名）监管局，各地级政府的财政监督检查局等。各级政府对各职能部门和工作人员的财会监督，也属于内部财会监督。

财会监督机制既有赖于外部环境，也取决于内部结构。内部财会监督是组织治理结构的组成部分。根据委托代理理论，内部财会监督的性质等同于一项应予完善的"内部契约"，通过内部财会监督这个契约，使上下左右之间明确自己的行为目标和权责，抑制权力主体的职务越权行为和懈怠行为，能在很大程度上评价、控制组织及其成员的行为选择，发挥内部契约的有效性。

内部财会监督在实践中有其优势，它的优势在于监督主体和监督对象在执行权、管理权、决策权等方面有统一性，工作职能性质相近，技术手段相互熟悉，监督内容涉猎广泛，监督主体有机会和条件更多地了解监督对象的活动，特别是上级组织在监督下级组织的过程中，可以利用自己的层级权威来加强对下级组织行为的约束，使这种监督能够深入而持久，及时而适当，也节约成本。

内部财会监督是自律意识的客观体现，人类不同于动物的重要标志是人本能地具有自觉自主的意识，并由此而引发自尊、自信、自强、自律等精神世界的心理控制和物质世界的外部行为。对内部财会监督而言，我们也不能忽视当权者能够正确地控制自己的行为方向，或在方向偏差时进行自我调整。所以，我们也将内部财会监督称为自纠式财会监督。

同时，我们也要意识到内部财会监督存在的弱点。从本位主义的角度出发，内部财会监督易于大事化小，小事化无，从而导致其公信力有限。现实中，内部财会监督又往往是单向进行的，下级组织或成员无权对上级组织或成员进行反监督。

（2）外部财会监督。外部财会监督指财会监督主体和监督对象不属于同一组织或系统的外部交互监督。以此标准划分，在我国目前的党和国家监督体系中，司法监督、民主监督、群众监督和舆论监督等涉及资金运动的，都是典型的外部财会监督。外部财会监督的特征如下：一是独立性。监督主体和监督对象属于互不隶属的组织系统，易于排除系统内部的长官意志、人情世故的干扰，从而更加客观公正地评判监督对象的行为，并使监督结论较少带有利益色彩，能够为社会公众所接受。二是制约性。各种监督方式在监督主体的职能范围内可以交叉适用，相互协调，使财会监督对象处在外部监督的网络之中。

4.2.3 职能财会监督和专门财会监督

这是根据财会监督主体的工作性质所进行的基本划分。

（1）职能财会监督。职能财会监督是指监督主体将财会监督作为自己基本职能中的一项工作内容或一个环节而实施，财会监督职能只是法律赋予的所有职权的一部分，或一方面，或一种手段，或一种方式。例如，各级人大常委会对计划和预算进行监督只是其职能的组成部分。各个单位也往往按职能性质，在内部设立决策部门、业务部门、咨询部门、研究部门和监督部门，这些内设机构虽然也能够行使监督权，但在各自的职能范围内进行着更为具体的管理活动，涉及的财会监督也只是其职能的部分体现。

（2）专门财会监督。一般由法律明确赋予专门设立的财会监督组织或人员以一定的监督权责，并明确规定监督主体行使监督权的法定方式和程序。它使财会监督作为一种专职活动或专职行为而具有法律的保障，并且具有独立性、常态化和职业化的要求与特征。财政部派出机构财政部××（省区市名）监管局、各地级政府的财政监督检查局、各单位内设的审计部门、财会中介机构如会计师事务所等，都可称为专门财会监督的组织体系。专门财会监督通常表现为事后监督，重点在纠正、惩处已经发生的各种不法、不当的财会行为。专门财会监督主体与被监督对象通常分属于不同的组织系统，具有一定的外部性。专门财会监督往往呈现单向性，监督对象通常不能对监督主体行使反监督权，除非监督主体的监督行为本身违法。

4.2.4　事前财会监督、事中财会监督和事后财会监督

将财会监督划分为事前财会监督、事中财会监督和事后财会监督，是以监督的时间和顺序为标准，对财会监督进行的划分。随着内部控制理念的普及和我国内控制度建设的完善，现实中，事前、事中和事后财会监督往往被嵌入到组织的内部控制系统中。

（1）事前财会监督。事前财会监督是一种防范性财会监督，也被称为前馈控制、预防性监督，即为了预防错误或者舞弊，避免出现违规行为或不当操作，在财会活动进行之前，采取的审查、评断、批准等手段或措施。例如，财务预算、成本预测、成本决策和成本计划都是典型的事前财会控制。事前财会监督最大的优点在于及时，可防患于未然。事前财会监督是旨在提高被监督者内在素质、增强其免疫能力的治本措施。东汉时期政论家、史学家荀悦在《申鉴》中记载："先其未然谓之防，发而止之谓之救，行而责之谓之戒，防为上，救次之，戒为下。"这一道理深刻揭示了事前财会监督对财经法纪的固本强基作用。所以，财会监督不能仅仅将监督视线和力量用于被动查处已发生的财会违法现象上，而要主动出击，防患于未然。

（2）事中财会监督。事中财会监督是一种过程性财会监督，也称为过程监督，即为了及时纠正已经发生的错误或偏差，在财会活动进行之中、尚未完结之前，采取的实时监控、调整、纠正等手段或措施对其财务数据、信息和流程进行监督、检查和指导，以确保财务活动的规范性和合规性。事中财会监督可以及时发现问题、纠正错误，防止财会风险进一步扩大，确保组织正常运行。例如，成本控制和成本核算就是典型的事中财会监督，这一阶段对成本的过程进行控制和核算，为分析、考核提供依据。

（3）事后财会监督。事后财会监督是一种补救性监督，即在监督对象

43

的财会活动发生或终了之后，对其财务数据、报表和资料进行审查、核实和监督等过程，以查漏补缺、纠正错误、追究责任。例如，司法监督（涉及经济问题）、财务报表审计等都是典型的事后财会监督。事后财会监督的优点是财会活动已经完成，有利于监督主体通观全局，总结经验，做出全面公正的判断，为未来的经营决策提供了参考依据。但是，其缺点是具有滞后性，在发现产生不利后果后难以及时采取补救措施。

财会监督人员应兼顾事前财会监督、事中财会监督和事后财会监督，不可偏废。事前财会监督是预防风险、保障合规；事中财会监督是发现问题、纠正错误；事后财会监督是总结经验、追究责任。由于事后财会监督多是在问题已经暴露甚至后果已经发生的情况下才开始实施，往往带来一些事后补救上的困难。因而，组织应该结合事前、事中和事后三种财会监督方式，将事前财会监督的防范性、事中财会监督的随治性和事后财会监督的惩治性结合起来，筑就事前、事中、事后的监督网络，才能达到财会监督的良好效果。

4.3 ————财会监督的职能和目标定位————

4.3.1 财会监督的职能

对于财会监督的职能究竟有哪些，学界看法不一，但都比较倾向于"多种职能论"的观点。不同类型的财会监督，其职能必有差别。而从技术层面上理解财会监督职能，主要是指其控制职能，即财会监督主体以财会信息为监督媒介和抓手，对特定主体经济业务的真实性、合法性和合理性进行审查的功能。财会监督通过预测、决策、控制、分析和考评等具体方法，促使经济活动充满活力且有序地运行，以达到预期的目的。随着经济社会的不断进步，财会监督已经完成了从单一经济领域监督到国家治理体系重要组成部分的拓展和深化。具体说来，财会监督的职能可以概括为监控、保障、预警、纠偏、制裁、评价等。

（1）监控职能。财会监督职能首先体现在按照法定职责的范围和内容进行监督和管控，通过开展监控，完成对财政、财务和会计方面的监督工作。

（2）保障职能。财会监督作为各种政府监督的基础性、支持性监督，需要通过对财政、财务和会计等方面的监管，实现公共财政和会计秩序的公平公正和稳定有序。

（3）预警职能。财会监督的监管时限范围包括事前、事中和事后。首先，对事前的监督就是为了发现隐患、预防风险。其次，通过对事中、事后的监督，可以总结问题，及时反馈政策执行中的不足和漏洞，并发出预警。

（4）纠偏职能。一是对监管发现的一般性问题责令其整改，纠正各类违规问题。二是对监督发现的政策制度中存在的不足和漏洞进行分析研判，为改进做好参谋，为调整做足支撑。

（5）制裁职能。制裁职能是对监督发现的比较严重的违法违规问题进行处理、处罚，对涉嫌犯罪的移送司法机关依法进行处理。

（6）评价职能。制裁职能是指对监督事项进行综合分析，评价其运行的成效是否达到预期，而后提出相关的改进和完善意见。①

财会监督的上述职能是财会监督存在的意义和价值之所在，财会监督具有功能效用性，其监督制度、体系、方法、手段的法律化才有意义。通过上述财会监督职能的实现，确保被监督对象的财会活动按一定程序进行，控制其决策，理顺其关系，纠正其偏差，防止其舞弊，这是维护国家经济稳定、促进经济社会繁荣的必要条件。

4.3.2　财会监督的目标定位

财会监督与任何制度的设计一样，也是为了实现特定的目的，达到它的"有用性"。根据监督对象和监督主体的不同，财会监督的目标也会存在一定的差异。概括地说，财会监督主要是为了确保财会活动符合法律法规的要求，提高财会活动的效率和效果。通过监督各治理主体的财会活动

---

① 赵虎. 新中国成立以来财会监督工作的回顾与展望（上）[J]. 财政监督，2022（4）：74-79.

及其成果，财会监督有助于揭示财会活动中存在的问题及其产生的原因，防止（或发现）并纠正错误或违法犯罪行为，更好地配置和使用经济资源，进而督促治理主体遵守法律法规，提高经营效率，提升管理水平。具体来讲，财会监督的目标主要包括：

（1）维护相关财经法规的权威，推进相关法规政策的贯彻落实和有效执行。

（2）保障单位和个人的合法利益，满足其合法的公共需求。

（3）防范财政风险，避免国有资产流失或减值。

（4）促进相关法律、法规、制度的健全和完善，通过监督检查结果反馈监管部门规章、制度的漏洞和不足。

（5）整顿和规范市场秩序，提升会计信息质量和中介机构执业质量，优化市场投资环境，促进经济健康持续发展。

（6）规范财政管理，促进财政资金使用效率提升，确保财政资金配置和宏观调控绩效显著。[①]

4.4 ————财会监督的主体和对象————

4.4.1 财会监督的主体

1）财会监督主体的概念和特征

主体是相对于客体的一个概念，在哲学上指的是有意识的人。在法律中，主体是指享有一定权利，负有一定责任或义务的组织和个人。财会监督的主体是财会监督权的行使者、财会监督行为的发动者和实施者，指的是依法对国家机关、组织或人员从事的财会活动享有监督权限、负有监督责任或义务的组织和个人。财会监督主体呈现法定性、多元性和复杂性的特征。

---

① 赵虎. 新中国成立以来财会监督工作的回顾与展望（上）[J]. 财政监督，2022（4）：74-79.

（1）法定性

财会监督主体的资格由法律确认，监督权力（权利）来源于法律，监督主体的责任和义务由法律规定。例如，《中华人民共和国会计法》（2017年修正）第二十七条要求"各单位应当建立、健全本单位内部会计监督制度。单位内部会计监督制度应当符合下列要求：（一）记账人员与经济业务事项和会计事项的审批人员、经办人员、财物保管人员的职责权限应当明确，并相互分离、相互制约；（二）重大对外投资、资产处置、资金调度和其他重要经济业务事项的决策和执行的相互监督、相互制约程序应当明确；（三）财产清查的范围、期限和组织程序应当明确；（四）对会计资料定期进行内部审计的办法和程序应当明确"。再如，《中华人民共和国会计法》（2017年修正）第三十二条要求"财政部门对各单位的下列情况实施监督：（一）是否依法设置会计帐簿；（二）会计凭证、会计帐簿、财务会计报告和其他会计资料是否真实、完整；（三）会计核算是否符合本法和国家统一的会计制度的规定；（四）从事会计工作的人员是否具备专业能力、遵守职业道德。在对前款第（二）项所列事项实施监督，发现重大违法嫌疑时，国务院财政部门及其派出机构可以向与被监督单位有经济业务往来的单位和被监督单位开立账户的金融机构查询有关情况，有关单位和金融机构应当给予支持"。第三十三条要求"财政、审计、税务、人民银行、证券监管、保险监管等部门应当依照有关法律、行政法规规定的职责，对有关单位的会计资料实施监督检查。前款所列监督检查部门对有关单位的会计资料依法实施监督检查后，应当出具检查结论。有关监督检查部门已经作出的检查结论能够满足其他监督检查部门履行本部门职责需要的，其他监督检查部门应当加以利用，避免重复查账"。

（2）多元性

国家治理主体多元化趋势凸显。从20世纪80年代开始，世界上许多国家和地区开始尝试重新配置公共权力，试图通过向社会组织、私营部门等开放权力的方式来提高国家管理的弹性与韧性。在现代社会条件下，由于政治文明的进步，代议制民主的缺陷日益为人们所认识，再加上科学技术，特别是互联网的发展，人民直接参与国家治理不仅显示出越来越明显的必要性，而且展示出越来越广泛的可能性。各种社会组织、团体一方面通过自治参与社会治理（国家治理的组成部分），另一方面通过法律提供的途径和形式直接参与国家治理，或者通过国家向社会转移部分公权力而获得国家治理权进而成为公共治理主体（既具有狭义国家治理的性质，又具有社会治理的性质）。展现这种趋势的形式和途径是多种多样的，如听证会、论证会、网上讨论、辩论、政府职能外包、政府购买服务、志愿者服务、公私合作（PPP）等等。我国目前作为国家治理主体的组织和个人，包括国家机关、政党（其中执政党具有特别重要的地位）、社会团体（如工青妇等）、行业协会（如律协、医协、注册会计师协会等）、非政府非营利性的社会公益组织（NGO、NPO）、基层自治组织（如村民委员会、居民委员会等），以及公民、法人和其他组织。①

国家治理主体多元化在财会监督领域则表现为财会监督主体的多元化。现代社会的财会监督与传统的财会监督有着本质的不同。就监督主体而言，传统的财会监督通常局限于财政部门、财会中介机构和单位财会部门。在现代经济社会，任何组织的正常运转都离不开资金。哪里存在资金运动，哪里便存在财会活动，哪里就需要财会监督。而现代国家治理的基本手段包括民主和法治等，民主和法治是财会监督发挥作用的基石和重要保障。在国家治理视角下，现代社会的财会监督主体是一个多元的体系，其构成不仅包括单位内部财会部门、财会中介机构和财政部门，而且包括政党、审计机关、司法机关、各种社会团体、新闻机构以及公民个人等监督主体，这些监督主体不应被排除在财会监督的研究范畴之外。这些来源不同、地位有别、权限各异的监督主体所构成的各个财会监督系统，分别体现了各单位内部、国家机关之间、社会与单位之间的权力（权利）制约关系。它们从不同的角度，以不同的方式，对各单位及其工作人员的财会行为进行不同内容的监督。在国家治理视角下，财会监督主体的多元性，源于治理主体的广泛性和监督主体的人民性，也是政治民主和行政民主的重要体现。

财会监督主体具备多元性，需要我们在实际工作中划清财会监督与审计监督、统计监督和行政监督等的边界，避免重复监督或者出现监督空

---

① 姜明安. 现代国家治理的五大特征［EB/OL］.［2023-03-03］. http://www.gcdr.gov.cn/content.html?id=16531.

白。在国家治理的视角下，国家治理体系中不同治理主体都可以参与治理，财会监督也要改变以往"以监督代管理"的思想，树立"以监督代治理"的理念。

（3）复杂性

财会监督主体的复杂性，一是表现在层次多。既有国家层面的监督主体，如财政部门、审计机关等，又有社会层面的监督主体，如会计师事务所、新闻媒体等。既有"同体"（单位自身监督），又有"异体"（单位外部监督）。二是在各单位内部，既是监督主体，又是监督对象。对于多层级单位而言，相对于下级单位，该级单位是监督主体，但该级单位又是其上级单位和下级单位及其工作人员的监督对象。就外部而言，各单位又成为财政部门等相关国家监督系统和群众监督、舆论监督等社会监督系统的监督对象。三是一个国家的财会监督体系是有机的整体，各个主体系统相互关联，互为支撑，缺一不可。如果有一个系统功能缺位、失效或者弱化，那么其他系统的负荷就会相应增加。例如，注册会计师对审计过程中发现的问题只能提请被审计单位调整和披露，没有行政强制力。如果各单位内部财会监督功能缺位、失效或者弱化，监督对象中发生的违法违纪行为将得不到及时、有效的遏止，那么财政部门和财会中介如会计师事务所的财会监督任务势必会加重。

2）财会监督主体的构成

长期以来的一种看法是，财会监督主体是由单位内部、政府和社会中介三方面构成，彼此不可替代，相互制约、相互补充，共同形成"三位一体"的格局。但是，从国家治理的角度说，参与治理的主体多种多样，监督的主体也应该是多元化的。据此，财会监督的主体同样是比较广泛的，即凡是以财会信息为监督媒介和抓手开展监管工作的主体，都是财会监督的主体。新时代财会监督的主体如图4-2所示。

（1）单位内部监督主体。包括单位内部财会监督职能部门（如财会部门、内部审计部门）、单位负责人、财会人员、其他员工。以会计监督为例，《中华人民共和国会计法》（2017年修正）第二十七条规定："各单位应当建立、健全本单位内部会计监督制度。单位内部会计监督制度应当符合下列要求：（一）记账人员与经济业务事项和会计事项的审批人员、经办人员、财物保管人员的职责权限应当明确，并相互分离、相互制约；（二）重大对外投资、资产处置、资金调度和其他重要经济业务事项的决策和执行的相互监督、相互制约程序应当明确；（三）财产清查的范围、期限和组织程序应当明确；（四）对会计资料定期进行内部审计的办法和程序应当明确。"

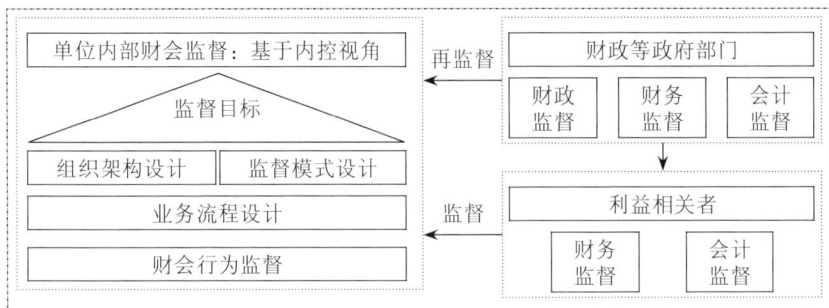

图4-2 新时代财会监督的主体

（2）以注册会计师为主体的社会监督主体。其中，注册会计师的监督是指由注册会计师及其所在的会计师事务所依法对委托单位的经济活动进行的审计、鉴证的一种监督制度。任何单位和个人不得以任何方式要求或者示意注册会计师及其所在的会计师事务所出具不实或者不当的审计报告。社会监督以其特有的中介性和公正性而得到法律的认可，具有很强的权威性和公正性。此外，单位和个人检举违反《中华人民共和国会计法》和国家统一的会计制度规定的行为，也属于会计工作社会监督的范畴。

（3）以政府财政部门为主体的政府监督主体。财政部门是财会工作的政府监督主体。在对财会工作的国家监督中，财政部门的监督是面向各单位的监督。除财政部门外，审计、税务、人民银行、银行监管、证券监管、保险监管等部门依照有关法律、行政法规规定的职责和权限，可以对有关单位（并不是面向所有单位）的财会资料实施监督检查。有关监督检查部门已经作出的检查结论能够满足其他监督检查部门履行本部门职责需要的，其他监督检查部门应当加以利用，避免重复查账。

3）财会监督主体的分类

第一，根据监督主体的性质划分，财会监督的主体可分为国家监督主体和非国家监督主体两大类。

（1）国家监督主体。国家监督主体，即由国家机关构成的具有直接法律效力的监督主体，如财政、审计、税务、人民银行、证券监管、保险监管、人大、司法等部门。例如，审查批准预算和监督预算执行是宪法和法律赋予各级人大及其常委会的一项重要职能，也是财会监督的具体表现。

国家监督主体是国家权力的行使者。监督主体行使的或是国家立法机关的监督权，或是国家的司法权，或是国家的行政权，总之行使的都是国家的统治权、管理权。国家监督是运用权力的监督，是一种国家权力对另一种国家权力的监督。监督的性质与国家机关的性质一致，例如立法机关进行的是具有宪法性质的监督。监督的范围与各国家机关的职能范围相一致，例如立法机关、国家权力机关一般具有立法和监督两大职能，它对财政资金的监督具有全面性、整体性和宏观性，而财政部门对外的财会监督，属于行政管理的职能范畴，监督主体的职能作用囿于行政管理体制和行政主体的管辖范围，具有一定的局限性。

国家监督主体具有相对独立的法律地位，不受主体以外的其他国家机关、社会团体、公民个人的干预，避免来自监督对象的干扰。国家监督主体的监督有严格的法定程序，这是区别于社会监督主体的一个显著特征。此外，国家监督主体的监督具有直接的法律效力，是实现国家统治的一种形式，这也是国家监督主体区别于社会监督主体的一个根本特征。

（2）非国家监督主体，即社会监督主体。社会监督主体包括政党、公民、法人和其他组织。在国家治理视角下，社会监督主体范围广泛，种类多样，包含政治性组织、公民、法人和非法人、各阶层、各行各业的社会其他组织等，它们也应成为我国财会监督的主体。社会监督主体是民意的集中代表，是公众利益或自身利益的维护者，它体现的是公众对国家的民主管理和民主监督，是"委托人"对"代理人"的监督和控制，因而具有特殊的威力。社会监督主体的监督不是以国家的名义，而是以政党、公民、社会的身份实施监督，不具有直接的法律效力。只有当这种监督为拥有法定权力的国家监督主体所认同、关注、介入后，即转化为国家监督后，才可能产生一定的法律效果。因此，社会监督主体不具有法律强制性。[①]

---

①　侯志山，侯志光. 行政监督与制约研究［M］. 北京：北京大学出版社，2013：211.

第二，根据执行监督的主体是否属于被监督单位组成部门划分，可以将财会监督主体分成两类：一是内部监督主体，二是外部监督主体。

（1）内部监督主体。指被监督单位内部监督部门或人员的财会监督，如财务部门、会计部门、股东、管理层和职工等内部利益相关者的监督，还包括因隶属关系产生的上下级的相互监督。

（2）外部监督主体。指被监管单位外部监督部门或人员的财会监督，如政府监管部门（主要是财政部门）、债权人和社会公众等外部利益相关者的监督。

第三，根据监督的专业性质划分标准，可以将财会监督分为专业性财会监督和非专业性财会监督。

（1）专业性财会监督。如会计专业人员对会计确认、计量、记录和报告进行的监督，财务专业人员对经营活动、投资活动和筹资活动等进行的监督，财政部门对财政活动及其成果进行的监督。

（2）非专业性财会监督。如其他政府监管部门、单位职工和社会公众等利益相关者对财会活动进行的监督。

4.4.2 财会监督的对象

财会监督的对象，即对谁进行财会监督，或者说谁需要财会监督，这是需要明确的一个问题。所谓财会监督对象，是指根据法律法规等的规定需要接受财会监督的组织和个人。根据财会监督的内涵，凡是存在财政活动、财务活动和会计活动（以下统称"财会活动"）的组织都离不开财会监督。换言之，财会监督与财会活动如影随形，哪里有财会活动，哪里就需要财会监督。所以从这个角度考察，财会监督的对象就显得比较广泛了。

首先，财会监督的对象是由国家的宪法、法律和法规等明确规定的具有特殊含义的组织和个人。例如，《中华人民共和国会计法》第二条提及的单位包括国家机关、社会团体、公司、企业、事业单位和其他组织。

其次，财会监督的对象包括组织和个体两大类，组织对象包括政治性组织、法人和非法人、各行各业的社会其他组织等；个体对象包括财会专业人员、单位负责人、与财会活动相关的其他人员等。

最后，组织对象和个体对象往往是交叉在一起的。对各单位的财会监督，必然会涉及单位负责人、财会专业人员等，对单位负责人、财会专业人员等的监督，也不可避免地要涉及其任职期间的单位。

4.5 ——————财会监督的标准和内容——————

4.5.1　财会监督的标准

财会监督的标准是衡量、评价财会主体及其财会活动的准则，它是启动监督程序，特别是加以督导、纠正的依据，是对违法、违纪行为定性处理的依据和尺度。财会监督一般采用的标准包括：

1）合法合规标准

财会主体的财会活动必须依据法律法规、符合法律法规，而不得与法律法规相违背。

2）财会效能标准

财会主体财会效能的高低，可以通过财会效果、财会效率和财会效益来评估。财会效能标准包括：

（1）合法标准，即看其效果是否符合宪法、法律、法规、制度以及党的路线、方针、政策。

（2）利益标准，即看其效果是维护还是损害了国家、单位、员工以及其他利益相关者的利益。

（3）质量标准，即看其效果是否达到了计划、技术指标、预算和合同等的质量要求。

财会效能评估项目主要有：

（1）数量标准，即在一定时期内所完成的财会工作量标准。

（2）时间标准，即看是否在规定的期限内完成财会任务。

（3）速度标准，即看其完成财会任务是否贯彻"最短时间原则"或"最快速度原则"。

（4）预算标准，包括人力、物力、财力的预算，即看其是否严格控制预算，在一定预算指标内完成相应的财会任务或更多的财会任务。

财会效益是财会活动的最终结果，是财会效能的间接反映。它侧重于对财会活动所带来的实际利益进行评估，其评估项目包括各财会主体取得的直接经济效益，间接的经济效益以及其他社会效益等。

3）道德规范

道德规范是指由一定社会经济关系决定的，以善恶为评价标准，依靠人们的内心信念、社会舆论和传统习惯来维系的，调整个人与个人之间、个人与社会之间关系的原则和规范的总和。它是一定社会或阶级用以调整人们之间利益关系的行为准则，也是评价人们行为善恶的标准。不同的时代和阶级有不同的道德规范。财会道德作为职业道德的一种，除了具有社会道德、职业道德共有的一般特点和属性外，还具有自己的一些特殊性，如《会计人员职业道德规范》（财会〔2023〕1号）第二条要求："严格执行准则制度，保证会计信息真实完整。勤勉尽责、爱岗敬业，忠于职守、敢于斗争，自觉抵制会计造假行为，维护国家财经纪律和经济秩序。"

4）政治规范

它是指严于一般道德规范和法律规范的政治纪律性规范，如政党章程（《中国共产党章程》）、政治生活准则（《中国共产党党内政治生活若干准则》）等。

5）其他社会规范

它是指道德、法律、政治规范以外的社会性行为规范，如村规民约、各种社会团体或组织章程、社会自治组织的规程、各种社会中介组织的自律性规范以及各类行业协会以职业道德为基础的自我约束性的行规等。

4.5.2 财会监督的内容

根据监督对象和主体的不同，财会监督的内容也会有所区别和侧重。具体说来，财会监督的内容可以是整个组织的财会活动，也可以是组织中的部分财会活动或者单个项目，如资产购置监督、项目建设监督、预算管理监督、"三公"经费监督等等。虽然说财会监督的内容是监督对象的财会活动，但是它所指向的不是监督对象财会活动的整体情况，而是主要针对负面的财会行为，即财会活动中存在的问题和差错。财会监督就是发现监督对象的财会活动存在的问题和差错，并加以解决和纠正的过程。财会监督的内容包括：

1）财会违法

财会违法是财会主体违反财经法律法规的行为。在我国，财会活动有下列情况之一的即构成财会违法：

（1）超越职权。它指的是财会主体实施财会活动时超越了法律法规授予其的权力界限。

（2）适用法律法规等错误。例如，采用的会计制度与组织不相适应。

（3）违反规定的程序。指财会主体在实施财会活动时，违反了法律法规要求。

（4）滥用职权。即权力的不正当行使，指的是财会主体虽然具有实施某财会活动的权力，且其形式上也合法，但是财会主体行使权力的目的违反了法律法规等规定的行使该项权力的目的。

（5）不履行法定职责。指的是财会主体负有履行某项义务的法定职责，财会主体没有履行该法定职责，包括财会主体明确拒绝履行该法定职责；财会主体不及时履行自己的法定职责，或者是否履行态度不明确；财会主体没有履行法定职责且无正当理由。

2）财政部门等行政机关在财会监督过程中的行政不当行为

这是指财政部门等行政机关在履行财会监督职责时虽然合法，却不合理，有失客观、公正和适度原则。与行政违法相比，财政部门等行政机关在财会监督过程中的行政不当行为对行政相对人造成的损失较轻。

3）财会效能

效能是事物所蕴藏的有利的作用，财会效能是财会主体在实现财会目标中所显示的能力和所获得的管理效率、效果和效益的综合反映。财会效能是检验财会工作结果的尺度，财会效率、财会效果和财会效益则是衡量效能的依据。财会效率是财会工作的效果与消耗之比，即财会主体从事财会活动所投入的各种资源与产出和所取得的效益之间的比例。财会效率是财会效能的数量表示，是以数量来分析财会效能的手段。财会效果是指财会活动的绩效，即有效与无效、高效与低效。财会效益是指财会活动所产生的客观价值，是财会效能的根本内容和最主要的监督评价指标。

4.6 ————财会监督的方式和时间————

4.6.1 财会监督的方式

鉴于财会监督的对象、主体、目的等都可能存在差异，所以财会监督的方式也应该是多元化的，而不是单一的。财会信息不仅仅是财会监督的媒介，还是很多其他监督类型的抓手，所以要持续不断地完善财会信息披露制度。事实上，财会信息披露本身就不失为一种好的财会监督方式，也是最基本的财会监督方式。

实践中，多元化的财会监督方式至少构筑了财会监督的三道防线（如图4-3所示）。第一道防线是财会专业机构的监督（包括中介（如会计师事务所）的财会监督），第二道防线是司法监督，第三道防线是人大监督。

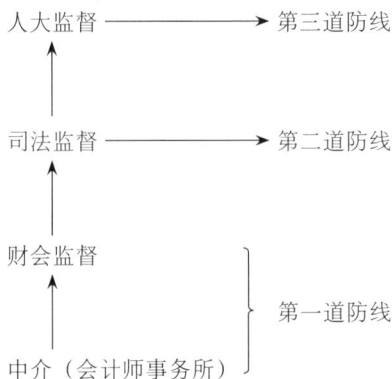

图4-3　财会监督的三道防线

例如，各级人大常委会就某个重大事件开展"特定问题调查"[①]，是宪法和法律赋予其的一项重要职权，也是人大常委会的一种监督方式。相对于其他监督方式来说，组织特定问题调查委员会这种监督方式灵活性更大、适

————————————

① 特定问题调查是各级人大常委会在做出决议、决定过程中，就有关重大事实不清的事项，组织调查委员会进行调查的活动，是国家权力机关行使监督权的一项重要内容。

应性更广、针对性更强、监督效果也更明显。相对于被调查对象而言，组织特定问题调查委员会作为一种刚性监督手段，能迅速、有效地查清和解决那些关系改革、发展、稳定大局的重大问题和一些久拖不决的疑难问题，有利于"一府两院"依法行政和公正司法，也有利于构建社会主义和谐社会。如果被调查对象涉及人民法院，各级人大常委会应尽量避免以人大常委会的决定取代法院判决或裁定的做法，应把实体上如何纠错交由法院独立完成，否则人大常委会在对法院进行监督的同时，会对司法权的独立行使造成影响。

4.6.2　财会监督的时间

鉴于财会监督的对象、主体、目的等都可能存在差异，财会监督的时间也有所区别。从整体上看，以前的财会监督比较倾向于事后监督，而这种监督方式往往是集中而具备间断性的，难以有效防范腐败行为的发生。财会监督体系的完善，除了事后监督以外，还需要重视事前监督和事中监督。国家治理现代化背景下的财会监督要积极转变监督理念。传统的财会监督形式是"检查型"和"纠错型"监督，而国家治理现代化要求财会监督形式是"管理型"、"服务型"以及"预防型"监督的结合，所以传统型财会监督应该逐渐向新型财会监督转变。为实现这一转变，相关部门可以将内部控制理念引入到财会监督的模式中，将内部控制嵌入到财会监督的每个层面、每个阶段甚至每个环节中。这种财会监督模式具有直接性、系统性和广泛性，既注重事后监督，也不忽视事前预防和事中控制。

4.7 ——————财会监督的基本原则——————

财会监督的基本原则，是指财会监督主体在履行监督职责和义务过程中必须遵守的基本准则。根据有关法律、法规的规定和对国内外财会监督实践经验的总结，财会监督的基本原则应包括：监督权相对独立设置原则、依法监督原则、客观监督原则、公平监督原则、监督权适度行使原则、国家专门机关监督与群众监督相结合原则、制约与保护相结合原则等。这些原则反映了做好财会监督工作带有规律性的要求，它们是财会监督主体正确履行职责和义务、有效发挥监督作用的基本保证。财会监督主体应当熟悉并正确理解这些原则的基本精神，坚持以这些原则指导和规范自己的行为。

（1）监督权相对独立设置原则。它指的是监督权的设置要同被监督权保持一定的距离，使得监督权能够依法独立行使，不受被监督权的干涉。

（2）依法监督原则。财会监督必须依据法律的授权，通常包括国家的宪法、法律、法规和规章，依照法律规定的程序进行。财会监督主体依法自主行使监督权，依据法律规定的标准做出监督，使监督保持其法律效力。

（3）客观监督原则。指财会监督主体在监督检查特别是对违法违纪行为的调查处理过程中，必须以客观存在的事实作为判断是非、定性量纪的基础，而不能主观臆断。

（4）公平监督原则。它是指在适用法律和行政纪律上一律平等的原则。财会监督主体在行使监督权时，对于一切监督对象都要一律平等地对其合法权益予以保护。任何监督对象都必须遵守法律和行政纪律，不得有超越法律和行政纪律的特权。一切违反法律和行政纪律的行为都必须受到追究，任何监督对象都不能例外。

（5）监督权适度行使原则。它是指财会监督既不要太过，又不要不及，要把握一个恰当的度。财会监督必须"到位"而不"越位"，对被监督对象形成威慑、制约作用。

（6）专门机关监督与群众监督相结合的原则。专门监督机关（如行政监察机关和审计机关）拥有系统的与监督活动相适应的组织机构和一定的监督权力，具有活动专门化、手段多样化等特点，能够查处比较复杂和重大的违纪违法案件，是国家监督体系中的中坚力量。群众监督即公民、社会组织（包括舆论组织）对国家行政机关及其工作人员的监督。专门机关应当更好地依靠人民群众，积极鼓励和受理人民群众对监督对象的控告、检举，要通过多种形式和途径广泛地吸引人民群众参与监督工作，不仅要让人民群众参与财会监督工作，有关财会监督工作的政策制度安排，也应广泛听取群众的意见和要求，全面接受群众的监督。

（7）制约与保护相结合的原则。在财会监督中，监督人员既要有力地制约财会违纪违法行为，又要注意与人为善，保护监督对象的正当权利。

58

第 5 章

财政部门财会监督现状及存在的问题

本章以 A 财政局为例，分析了财政部门财会监督的现状，并结合前文构建的国家治理视角下的财会监督理论框架，剖析了财政部门财会监督存在的问题。

5.1 ——财政部门财会监督的现状：以 A 财政局为例——

为了进一步了解财政部门财会监督的真实情况，本部分以 A 财政局为例，通过考察 A 财政局财会监督的现状，分析 A 财政局在财会监督方面存在的问题，为提出优化国家治理视角下财会监督体系的可行性建议奠定基础。

5.1.1　A 财政局简介

A 财政局是主管某市财政收支、财税政策、国有资产监督管理工作的综合经济部门，为某市人民政府的组成部门。

A 财政局坚决贯彻落实党中央和省委关于财经工作的方针政策和决策部署，按照市委工作要求，在履行职责的过程中坚持和加强党对财政工作的集中统一领导，主要职责包括拟订全市财税发展规划、政策和改革方案并组织实施；贯彻执行国家和省有关财政、税收工作的方针政策和法律法规，起草全市财政、财务、会计管理等方面的地方性法规、规章和制度，并监督执行；负责管理全市各项财政收支等。其中，涉及财会监督的职责见表5-1。

表5-1　　　　　　　　　　**A财政局涉及财会监督的职责**

序号	相关职责
（1）	监督执行全市财政、财务、会计管理等方面的地方性法规、规章和制度
（2）	管理全市各项财政收支，公开市级预决算，向市人民代表大会及其常委会报告财政预算、执行和决算等情况；负责政府投资基金市级财政出资的资产管理
（3）	监管市级行政事业单位会计核算工作；组织会计决算报表编报和分析工作；负责制定政府采购制度并监督管理
（4）	负责审核并汇总编制全市社会保险基金预决算草案，会同有关部门拟订有关资金（基金）财务管理制度，承担社会保险基金财政监管工作
（5）	管理全市会计工作，监督和规范会计行为，组织实施会计制度；受上级财政部门委托，指导和监督注册会计师和会计师事务所的业务，指导和管理社会审计

资料来源：A财政局官网。

A财政局根据自身职责和工作任务安排，设有预算处、经济建设处、资产管理处、会计处、政府采购监管处、监督处等26个内设机构。各业务科室及领导分管情况见表5-2。

表5-2　　　　　　　　　　**A财政局各领导的分管科室明细表**

领导	主要分管科室		
局长	主持局行政全面工作		
副局长1	预算处	预算编审处	
副局长2	办公室 政法处	科教和文化处	资源环境处
副局长3	法规处 行政处 监督处	工业交通处 社会保障处	商贸发展处 社保基金处
副局长4	国库处 人事处	金融处 离退休人员服务处	会计处
总会计师	研究室 经济建设处 农业农村处	综合税政处 政府采购监管处 资产管理处	政府债务管理处 绩效管理处

资料来源：A财政局官网。

26个内设机构中与财会监督工作密切相关的处室及具体职责见表5-3。

表5-3　　　　　　　与财会监督工作密切相关的处室及具体职责

序号	内设机构	具体职责
（1）	国库处	组织预算执行、监控、分析预测。拟订国库管理制度、集中收付制度。组织实施政府非税收入国库集中收缴。管理财政及预算单位账户、财政决算和总会计核算。承担市级财政资金、财政代管资金、社保资金的调度、清算和会计核算工作。承担政府财务报告编制工作。负责编制市级财政决算和汇总全市决算。承担国库现金管理有关工作。承担收入退库有关工作。承担代理银行的财政业务监督工作。承担国债兑付有关工作。实施社保基金的保值增值
（2）	会计处	承担组织实施国家统一的会计准则制度、管理会计标准、内部控制规范等。指导会计人才队伍建设，承担高端会计人才培养工作。承担会计专业技术资格管理工作。受上级财政部门委托，指导和监督注册会计师和会计师事务所的业务，指导和管理社会审计。指导和监督代理记账机构业务工作。承担对外会计合作交流工作
（3）	政府采购监管处	拟订全市政府采购制度并组织实施。拟订政府集中采购目录、政府采购限额标准和公开招标数额标准。负责全市政府采购评审专家库建设及动态管理。负责政府采购信用监管。负责处理市级政府采购活动投诉、举报等。承担市级集中采购机构考核和代理机构监督检查工作。承担会议定点管理工作
（4）	监督处	承担财税法规和政策执行情况、预算管理有关监督工作。承担监督检查会计信息质量有关工作。受上级财政部门委托，承担注册会计师、资产评估行业执业质量有关检查工作。负责本部门内部控制管理、内部审计工作。牵头配合财政收支和预算执行等审计工作。牵头负责预决算公开监督工作

资料来源：A财政局官网。

　　从监督对象来讲，财政部门财会监督的范围包括行政辖区内绝大部分单位、组织和个人。一是在预算资金监督方面，主要是对本级各部门和下一级财政部门进行监督；二是在会计信息质量监督方面，对辖区内的行政事业、企业和社会团体等各单位及其财务人员实施监督；三是在会计师事务所和资产评估机构监督方面，对行业协会、中介机构和执业人员均进行监管。①鉴于此，本章接下来的安排依次是考察 A 财政局对本单位、行政事业单位和财会中介机构的财会监督现状。

5.1.2　A 财政局对本单位的财会监督现状

《A 财政局工作规则（2015 年修改）》第二十九条明确规定："A 财政局应加强内部监督，明确责任分工，强化督办检查，完善公文考核、财务会计和资产管理等制度，不断细化预算编制，提高预算执行进度并定期进行检查通报。"这里我们选择内部监督检查和相关的财会信息披露两个方面来考察 A 财政局对本单位的财会监督现状。

1）内部监督检查情况

2019 年，为加强和规范内部监督工作，建立更加全面的内部监督制度，提高财政资金管理效率和监管水平，A 财政局根据《财政部门内部监督检查办法》（财政部令第 58 号）和《某省财政厅内部监督检查实施细则》（2012）的有关规定，结合 A 财政局实际情况，制定了《A 财政局内部监督检查实施办法》。该办法对 A 财政局在组织领导、监督检查内容、监督检查方式和程序、监督检查结果应用和责任追究等方面进行了详细阐述，确保了 A 财政局在内部监督检查工作的效率效果。

（1）组织领导方面

A 财政局内部监督检查工作由 A 财政局统一领导、所属财政监督检查局具体组织实施，对 A 财政局内部各业务处室履行财政管理职责、局机关及局属单位预算、财务与资产管理、内部控制等情况进行监督。如前文所述，A 财政局内设处室共计 26 个，包括预算处、会计处、政府采购监管处、监督处等。

内部监督检查工作实行主要领导负责制，局长负总责，分管财政监督工作的局领导负直接领导责任。A 财政局建立了内部监督检查负责人专题

---

① 赵虎. 新中国成立以来财会监督工作的回顾与展望（上）[J]. 财政监督，2022（4）：74-79.

会议制度和内部监督检查联络员制度等内部监督检查协调机制。内部监督检查负责人专题会议由局长或分管财政监督工作的局领导主持，局内有关处室和局属单位负责人参加，通报内部监督检查情况，研究内部监督检查工作重点和整改落实等相关问题。根据需要，财政监督检查局可以聘用专门机构或者具有专门知识的人员协助开展内部监督检查工作。

（2）监督检查内容方面

《A财政局内部监督检查实施办法》中规定的内部监督检查事项主要包括预决算管理情况、国库现金和其他财政资金存放管理情况、会计管理情况、内部控制制度建立与执行情况等。具体监督检查事项见表5-4。

表5-4　　　　　　　　　　内部监督检查内容

序号	监督检查事项
（1）	预算编制、预算执行、预算调整和决算等管理情况
（2）	国库集中收付、财政和预算单位账户管理、国库现金和其他财政资金存放管理、政府采购监督管理、地方政府性债务管理等情况
（3）	税收政策执行情况
（4）	政府非税收入及财政票据管理情况
（5）	财政资金分配、管理、使用和绩效管理情况
（6）	行政事业单位及企业的国有资产管理和财务管理情况
（7）	会计管理情况
（8）	外国机构、国际金融组织贷款和赠款管理情况
（9）	局机关及局属单位的预算、资产和财务管理情况
（10）	内部控制制度建立与执行情况，财政政策和资金管理办法的制定和执行情况
（11）	对审计机关、上级财政部门等监督检查和本局内部监督检查查出问题的整改落实情况
（12）	其他需要监督检查的事项

资料来源：《A财政局内部监督检查实施办法》。

内部监督检查的重点主要有：各业务处室和局属单位履行财政监督管理工作的合法性、合规性和有效性；局机关及局属单位预算、财务管理与会计核算的合法性、真实性以及资产的完整性、安全性；内部控制的健全性、合理性和有效性。

（3）监督检查方式方面

内部监督检查综合运用了日常监督和重点检查方式开展工作，实现对本局管理活动的全过程监督。所谓日常监督是指对日常财政管理活动实施的实时、动态监督，包括事前审核、实时监控、现场核查、跟踪问效等。所谓重点检查是指根据年度重点检查计划，按照规定程序组织实施的有针对性、有重点的监督检查。

（4）监督检查程序方面

各业务处室和局属单位建立了自查制度，在其职责范围内认真做好自查工作，并于每年一季度前将本年度自查计划和上一年度自查结果报财政监督检查局备案。自查工作要根据内部监督检查的内容进行，做到重点突出、切合实际。监督检查流程如图5-1所示。

财政监督检查局要结合财政工作重点、社会关注热点以及自查情况制订年度重点检查计划。重点检查计划由分管财政监督工作的局领导审核，并报经局长同意后，及时通知被检查的处室和局属单位。每年对有预算管理职能的业务处室的重点检查数不得低于该类处室数的30%，对其他处室或单位的检查，结合工作需要及主要负责人离任情况确定。

开展重点检查时成立了检查组，检查组组长由财政监督检查局确定。检查组实行组长负责制。检查人员与被查处室（单位）或者检查事项有直接利害关系的，应当回避。检查人员应当遵守国家有关保密规定，不得将检查中取得的材料用于与检查工作无关的事项。

（5）监督检查结果应用方面

财政监督检查局定期对内部监督检查中发现的共性问题进行归纳总结，分析原因，提出建议，以"财政监督专报"的形式向局领导报告，为领导管理决策提供参考。内部监督检查结果和检查落实情况作为局内各处室（单位）评选先进和干部考核、任用的参考依据。局内各处室（单位），应结合内部监督检查结果情况，切实加强预算、资产和财务管理工

财政监督检查局根据年初工作计划制订检查计划，确定被查部门和项目，上报局领导

制订检查计划

财政监督检查局指定检查组，提前 15 天通知被查部门

查前准备

召开检查进点会；听取被查部门情况介绍；审阅相关资料；编制工作底稿；对查出的问题提出整改意见

实施检查

检查组将检查报告报财政监督检查局，财政监督检查局审理后形成报告

起草检查报告

财政监督检查局将修改后的检查报告和被查部门的书面意见一并上报

上报检查报告

检查报告经领导批示后，财政监督检查局及时通知被查部门落实纠正

落实领导批示

被查部门对检查中发现的问题按要求进行整改，并将修改情况书面报送检查局

被查单位整改

对在检查中发现的违纪问题进行教育或移交有关部门处理，定期或不定期对以前内部检查过的部门进行抽查

督促落实整改

全部检查工作结束后，检查组将检查资料进行鉴别整理，依照规定进行装订，集中管理

整理归档

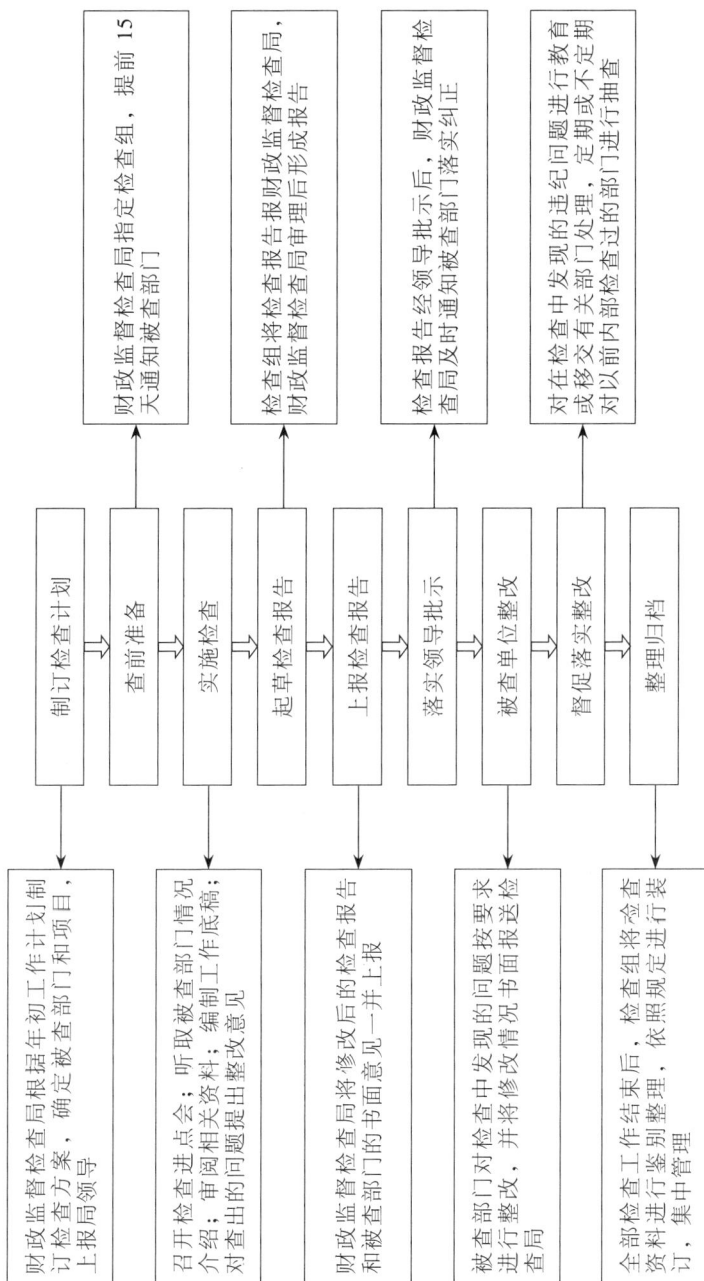

图 5-1 A 财政局内部监督检查流程图

资料来源：《A 财政局内部监督检查实施办法》。

作。全部检查工作结束后30日内，财政监督检查局应当将检查资料进行整理，依照档案管理有关规定归卷存档。

2）相关财会信息披露情况

信息披露本身就是一种好的监督方式，从这个角度讲，财会信息披露是最根本的财会监督方式。因此，完善财会信息披露是强化财会监督的根本。①

A财政局在2020年政府信息公开工作年度报告中提到"打造阳光财政平台，完善信息公开监督保障"。首先，A财政局打造了A市"阳光财政"平台，在官网平台中设置了信息公开指南、信息公开目录等栏目，将政府预决算报表、财政收支状况、各部门预算情况以及各项项目建设情况均公布在网上，以便查阅。2020年新增公开地方政府债务信息专题，内容包括政府债务余额、限额、债券发行和债券存续期等政府债务相关信息，进一步提高财政透明度。

在预算编制方面，A财政局积极做好人大2021年预算预审会议服务工作，邀请记者采写新闻报道；组成答疑团接受人大代表提问，当场释疑解惑；印制《政府预算解读》小册子向人大代表、媒体记者发放，增强社会各界对财政专业知识的理解；给人大代表、委员寄送财政收支执行情况报告、财政工作动态、财政管理和改革重要政策文件，坚持不懈打造阳光财政。A市多年来在"地级及地级以上市政府财政透明度排行榜"上排名前3。2017—2020年A财政局信息发布条数见表5-5。

表5-5　　　　　　　2017—2020年A财政局信息发布条数

项目	2020年	2019年	2018年	2017年
总数	1 056	1 019	1 482	1 601
概况类	5	5	4	4
政务动态	294	144	231	360
信息公开目录	542	775	1 185	1 332

资料来源：政府网站工作年度报表。

① 张先治. 完善财会信息披露是强化财会监督的根本 [J]. 财务与会计，2020（14）：4-6.

5.1.3 A 财政局对行政事业单位的财会监督现状

"4.3.1 财会监督的职能"专门讨论过财会监督工作中的内部监督和外部监督问题。就财政部门的外部监督而言，按照监督对象可以划分为两类：一是在会计信息质量监督方面，对辖区内的行政事业、企业和社会团体等各单位及其财务人员实施监督；二是在会计师事务所和资产评估机构监督方面，对行业协会、中介机构和执业人员均进行监管。本部分将主要考察 A 财政局对行政事业单位的财会监督现状。

1）财会监督的制度建设

政府会计改革的持续推进，将给我国行政事业单位财务和会计管理带来显著的变化，如提高会计信息质量、提升财务管理水平、准确反映单位运行成本、全面反映单位预算执行信息和财务信息。这些显著的变化最终能否实现，在一定程度上依赖于财会监督作用的发挥。A 财政局结合自己的实际情况，调整了对行政事业单位的财会监督模式，先后发布的《A 财政局财政支出绩效管理规程（2010）》《A 财政局预算绩效管理工作规程（2014）》《A 财政局委托第三方机构实施绩效评价工作规程（2015 年试行）》《A 市市本级行政单位国有资产使用管理办法（2021 年修订）》《A 财政局工作规则》等多项制度都涉及 A 财政局对行政事业单位的财会监督（见表5-6），为行政事业单位贯彻落实政府政策和会计制度提供了制度保障。

表5-6 　　　　　A财政局对行政事业单位财会监督规定举例

相关法规	条款	具体规定
《A 市市本级行政单位国有资产使用管理办法》	第十条	财政部门负责制定国有资产使用规章制度，按照规定权限对资产使用事项进行审批，并负责组织实施和监督检查
	第十一条	行政事业单位主管部门负责制定本部门资产使用管理制度并组织实施和监督管理
	第十二条	行政事业单位对本单位资产使用实施具体管理。制定本单位内部管理制度并组织实施，接受财政部门对资产使用工作的指导和监督等

续表

相关法规	条款	具体规定
《A财政局工作规则》	第十二条	严格财政监督，不断健全制度体系，完善部门预算、国库支付、政府采购、投资评审、收支两条线等各项制度，确保财政资金使用安全
	第二十五条	A财政局应当加强对财政资金安排、使用的监管，完善制度建设，强化绩效评价，加大监督力度

资料来源：根据相关法律法规梳理。

2）对行政事业单位预算管理的监督

党的十八大以来，部门预算管理和改革取得了积极进展和显著成绩，总体上构建了层次清晰、运转顺畅的部门预算管理新框架。但是，通过实地调研，我们也发现行政事业单位作为部门预算改革的核心责任主体，在预算管理的诸多方面仍然存在一些问题，这既有体制制度方面的客观原因，也有预算单位的主观原因，还与缺乏有效的外部监督密切相关。财政部门作为预算资金分配的主体，能够对行政事业单位预算编制、预算执行、决算编制、绩效评价等预算全链条实施管理，所以，财政部门对行政事业单位进行财会监督具有独特的优势，有助于提升行政事业单位预算管理水平。

（1）以预算审核为统领加强预算管理。预算编制作为预算管理工作的起点，有统领全局的作用，财政部门以预算审核为抓手可以有效促使行政事业单位加强预算管理。一是推进预算支出标准体系建设。建立科学、规范、透明的预算支出标准，不仅能够促使行政事业单位科学、合理地编制预算，而且能够提高资金使用效率，控制政府行政成本。二是充分发挥财政部门预算审核的作用。依托预算支出标准体系，对行政事业单位开展人员、资产、津补贴及项目审核，保证审核的统一、规范，提高预算的合规性和准确性。三是预算审核要充分利用预算执行和绩效评价的结果。当前，财政部门已经实现对行政事业单位预算管理的全链条监管，预算审核时要综合考虑行政事业单位的预算执行情况和绩效评价结果，将预算分配与预算执行和绩效评价挂钩，有利于促使行政事业单位预算管理水平的提升，也有利于更好地发挥财会监督的作用。

对于行政事业单位的预算编制监督情况，笔者对 A 财政局的基层工作人员进行了访谈，访谈对象对 A 财政局监督各单位预算编制的现状描述如下：

"各单位在制定机关财务管理制度的时候会来征求我局的意见，各单位编制的预算也需要由财政局进行审核。尽管如此，每年仍然会出现编制预算时漏报的情况。由于某些特殊原因，财政局最终也会同意在年中追加预算。对于这些情况，目前财政局也制定了一些管控措施，比如严格限制年中追加预算的额度，其次就是加强行政事业单位的主体责任意识，及时跟单位进行沟通和协调。从实践来看，目前取得了一定的成效，但是对这类问题还是重视不够。"

（2）以监督预算执行为基础推进预算管理。预算执行既是财政资金的安排，也是各项事务的安排，应当实现两者的有机统一。财政资金与各项事务任何形式的脱节都会影响部门整体绩效的实现，不是导致资金不足或低效而使部门任务不能落实到位，就是导致资金超出实际需求而造成浪费。"办事"要分解到各个项目来落实完成，而"钱"则需要统一在预算资金进行管理。预算执行监控不仅需要分别对"办事"和"花钱"进度的合理性进行分析，还需要分析两者之间的合理性。因此，A 财政局在预算执行监控中同时关注项目支出进度与绩效目标完成情况，并按月通报各项目支出执行的序时进度和计划进度，督促部门加快项目进度，确保重点项目的顺利推进。

（3）以决算审核为重点夯实预算管理。决算审核是对预算单位综合收支状况、各项资金和资产管理状况的全面审核，是对预算单位预算编制、预算执行情况的系统检验，也是开展绩效评价的基础。通过决算审核可以发现预算单位预算管理中的薄弱环节以及存在的问题，如预算编制不合理、预算执行缺乏刚性、财务核算不规范、资金使用缺乏效率等，由此可以督促预算单位不断提高预算编制的科学性，提高预算执行质量。

（4）以绩效评价为核心提升预算管理。对行政事业单位的财会监督不仅要关注预算资金的使用，更要关注预算资金的产出和成果。在当前的国际国内形势下，财政收支矛盾将长期存在，只有不断提升预算管理水平，向资金要效益，才能真正实现高质量发展。财会监督的重点要从传统的对资金使用合规性的监管逐步转移到以预算绩效评价为核心的监管上来。为此，行政事业单位需要建立科学合理的预算绩效评价体系；设立合理的预算绩效目标、评价标准和评价方法；在现有预算执行监控的基础上构建预算执行的绩效监控体系，对绩效目标实现程度和预算执行情况实行双监控，减少执行中的损失和浪费；强化绩效评价结果应用，建立评价结果与预算编制相结合的机制。将财会监督聚焦于预算绩效评价，实现预算和绩效管理一体化，有助于改变预算资金分配的固化格局，不断提高行政事业单位的预算管理水平。

经过多年的实践探索，A财政局基本构建了对照部门年初设定的部门整体支出绩效目标，以部门监控为基础，紧盯重点项目的"1+1+X"的部门整体监控体系。其中，第一个"1"是监控部门整体支出绩效运行情况；第二个"1"是监控人大重点审议项目绩效运行情况；"X"是监控关联项目绩效运行情况，主要是围绕部门整体绩效目标中各个任务所对应的关联项目开展监控。

部门整体监控包括部门自行监控和财政部门重点监控两部分。每年A财政局都委托第三方机构通过数据信息收集、整理、审核、综合分析等方式，对预算部门自行监控的情况进行汇总、核实，对发现的问题和风险，督促预算部门及时采取措施予以纠正。

3）对行政事业单位的内部控制检查

（1）行政事业单位内部控制建设的重要性

党的十九大报告提出，要"构建系统完备、科学规范、运行有效的制度体系"，全面提高治国理政水平。行政事业单位作为制度建设和运行的责任主体，加强制度建设的核心就是要做好内部控制工作，通过内部控制来建立制度、完善制度和落实制度，要按照党的十八届四中全会关于"对财政资金分配使用、国有资产监管、政府投资、政府采购、公共资源转让、公共工程建设等权力集中的部门和岗位实行分事行权、分岗设权、分级授权，定期轮岗，强化内部流程控制，防止权力滥用"的要求，全面推进行政事业单位内部控制建设，推动内部控制持续有效运行。

内部控制是保障组织权力规范有序、科学高效运行的有效手段，也是组织目标实现的长效保障机制。新时代背景下全面推进内部控制建设，行政事业单位应围绕单位内部经济活动、业务活动和内部权力运行全过程，解决如何安全、规范、有效管理和使用公共资金的问题，进一步促进单位公共服务效能和内部治理水平的不断提高，为实现国家治理体系和治理能力现代化奠定坚实基础，提供有力支持。

为推动单位按照《行政事业单位内部控制报告管理制度（试行）》（财会〔2017〕1 号）编制内部控制报告，掌握单位内部控制建立与实施情况，更好发挥信息公开对单位内部控制建设的促进和监督作用，财政部自 2017 年起开展了行政事业单位内部控制报告编报工作。开展单位内部控制报告编报工作，旨在进一步加强单位内部控制建设工作，更好地发挥内部控制在提升单位内部治理水平、规范内部权力运行、促进依法行政、推进廉政建设中的重要作用。

基于财会监督的新定位，国家治理视角下的内部控制建设显得尤为重要。财会监督与内部控制在某些方面是贯通的，比如两者的目标有相通的地方，都是为了提升行政事业单位管理水平，保障行政事业单位健康发展。再如，控制活动往往也是财会监督手段的具体表现。行政事业单位要想完善财会监督工作，就必须建立完善的内控体系，并促使二者相互融合，从而实现监控模式的创新。

（2）A 财政局组织 A 市各行政事业单位开展内控报告填报工作

A 财政局在对辖区内的行政事业单位实施财会监督的过程中，重要监控内谷之一就是监督各单位内部控制制度建设和执行情况，目的是推动各单位持续完善内部控制机制。从 2016 年度起，A 财政局组织 A 市各行政事业单位进行内控报告的填报工作，并开展了一系列的相关培训，通过指导和监督检杏来推动辖区内单位内部控制问题整改，逐步完善单位内部控制建设工作。

以 2020 年度为例，从全市范围内各行政事业单位报送的内部控制报告数据来看（如图 5-2 所示），1 313 家单位评分为优，占比为 28.70%，2 367 家单位评分为良，占比 51.70%。评分等级为优和良的单位合计 3 680 家，占比 80.40%，由此可以看出，A 市行政事业单位内部控制建设和执行情况总体良好。这在一定程度上反映出，经过多年的实践探索，A 财政局

71

对辖区内的行政事业单位内部控制监督检查取得了一定成效。通过开展单位内部控制报告编报工作，财会监督工作有力地推动了各单位内部控制持续优化和完善，为进一步深化财税体制改革，提高财政治理水平，增强财政政策实施效果提供了有力保障。

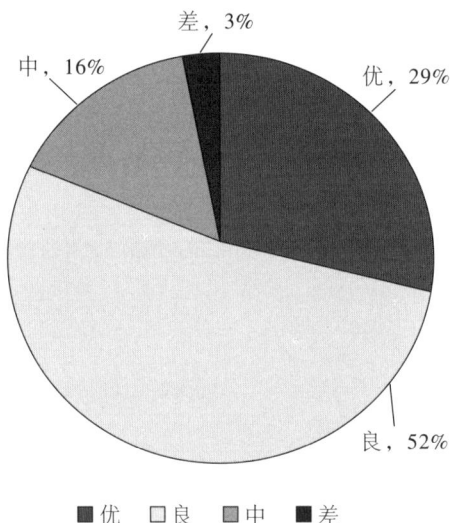

图5-2　2020年A市行政事业单位内部控制总体情况

资料来源：《2020年度A市行政事业单位内部控制报告分析报告》。

就A财政局组织辖区内的行政事业单位开展内部控制报告编报工作的情况，笔者对负责2020年度A市行政事业单位内控报告编报质量审核的工作人员进行了访谈，访谈对象回答如下：

"从A市范围内各行政事业单位报送的内部控制报告数据来看，各单位内部控制报告编报质量较去年有所提升，整体上各单位内部控制建设和执行情况良好，内控机制得到进一步优化和完善。但是在开展单位内部控制报告编报工作中也发现一些问题，主要表现在：一是大部分单位存在不清楚内控报告填报要求的情况，导致内控报告填写和附件上传时出现误填漏填、误传漏传的现象；二是有些单位由于体量小难以落实某些内控要求，我认为是内控制度的设计不够灵活和细致的原因，在制度建设方面还需要加以完善。"

5.1.4 A财政局对财会中介机构的财会监督现状

财政部自1999年开始组织会计信息质量检查起，每年都要向社会发布会计信息质量检查公告。截至2022年7月，共发布了42期会计信息质量检查公告。将会计信息质量检查结果和处理处罚情况向社会公布，以及将典型案例向社会公开曝光，这些措施均有效扩大了会计监督工作的成效，对会计造假行为也起到了一定的震慑和警示教育作用，取得了良好的社会效果。例如，财政部2022年3月16日发布的第41号会计信息质量检查公告显示，2021年，财政部组织各地财政厅（局）对1 705家会计师事务所开展检查，同比增长62.07%。截至2022年2月28日，各地财政厅（局）已对85家会计师事务所、119名注册会计师做出行政处罚。其中，10家会计师事务所被吊销执业许可，20家会计师事务所被暂停执业，27家会计师事务所被警告，28家会计师事务所被没收违法所得及罚款；1名注册会计师被吊销证书，45名注册会计师被暂停执业，73名注册会计师被警告。另有352家会计师事务所、148名注册会计师受到行政处理。

截至2020年年底，A市共有会计师事务所286家，资产评估机构123家。近年来，A财政局根据相关的法律法规，加强对财会中介机构执业质量检查，财会中介机构整体执业水平明显提升。一是继续推进对会计师事务所和资产评估机构的随机抽查。根据《中华人民共和国会计法》《中华人民共和国注册会计师法》《中华人民共和国资产评估法》等规定和相关工作要求，A财政局按照"双随机、一公开"的规定程序，随机抽取会计师事务所和资产评估机构进行监督检查。二是切实加大对中小会计师事务所的监管力度。A财政局对部分中小会计师事务所风险意识淡薄、恶意低价竞争、出具不实审计报告等扰乱市场秩序的行为开展了专项整治。

1）对财会中介机构的日常监管

A财政局的主要职责包括承担监督检查会计信息质量有关工作；受上级财政部门委托，承担注册会计师、资产评估行业执业质量有关检查工作。就A财政局对财会中介机构的财会监督来说，主要包括会计师事务所和资产评估机构会计信息质量检查、会计师事务所和资产评估机构执业质量检查。

具体说来，A财政局每年都根据相关规定和接受上级财政部门的委托，通

73

过下达《财政检查通知书》的方式，对会计师事务所和资产评估机构开展会计信息质量检查和执业质量检查，必要时延伸检查关联单位或追溯检查其他年度。通过对财会中介机构的财会监督，A财政局强化了财会监督职能，通过会计信息质量检查和财会中介机构的执业质量检查，查处违法违规事项，对恶意竞争的机构进行惩戒，提高财会信息质量水平，维护市场秩序。

　　对注册会计师的任职资格检查也是A财政局的财会监督的重要内容。每年年初，中国注册会计师协会发布开展本年度注册会计师任职资格检查工作的通知。A财政局根据省注协的通知和辖区情况制订本年度注册会计师任职资格检查实施方案：在做好常规检查的同时，着重清理不在事务所专职执业的注册会计师；重点检查新设事务所，特别是新设立事务所的合伙人（股东）情况；严格检查受到投诉举报的事务所和注册会计师及在执业质量检查中发现存在违法违规行为的事务所和注册会计师，确保注册会计师检查工作全覆盖。检查流程如图5-3所示。年检方案会要求各会计师事务所首先进行自查，填报年检材料，并根据实际情况撰写年检自查报告。同时，注册会计师协会组成检查小组到实地进行检查和抽查，检查小组需要对各会计师事务所的年检材料进行复核后报注册会计师协会审定，审定通过便可办理年检手续并进行公告。

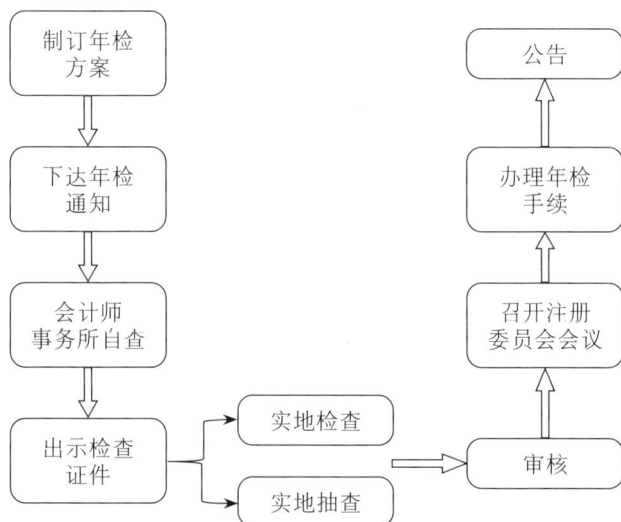

图5-3　注册会计师任职资格年度检查流程图

资料来源：根据政策制度梳理。

2）对财会中介机构的专项整治

我国相关的法律法规及部门规章明确要求，注册会计师执行业务应当加入会计师事务所，且不得同时在两家或两家以上会计师事务所执业，也不允许注册会计师以个人名义受理业务①；资产评估专业人员从事资产评估业务，应当加入资产评估机构，并且只能在一家资产评估机构从事业务②。但在以往财政监督开展的执业质量专项检查中发现，A 财政局辖区内存续的会计师事务所和资产评估机构的内部执业人员③存在挂名执业（多处执业）④或多头执业⑤等违法违规情况，此情形虚增了这两个行业的执业从业人数，扰乱了公平竞争的行业秩序，不利于这两个行业的健康有序发展。因此，在上级财政部门的统筹部署下，A 财政局组织开展注册会计师行业和资产评估行业专项整治工作。

检查方式采取自查与重点核查相结合的方式进行。A 财政局组织辖区内会计师事务所和资产评估机构按要求全面开展自查自纠，对本机构合伙人（或股东）、执业人员参保、执业资格等相关情况进行梳理，分别填报《会计师事务所注册会计师自查情况表》和《资产评估机构资产评估师自查情况表》后，报 A 财政局汇总。在重点核查阶段，A 财政局收集整理辖区内会计师事务所和资产评估机构上报的自查表，为开展比对核查作充分准备。

（1）注册会计师核查方式。一是将自查表的参保信息与注册会计师协会掌握的执业会员报备信息、年度检查相关信息对照，重点关注双方参保缴费单位信息是否一致；二是将自查表中注册会计师的社会保险缴纳情况与当地社保经办机构登记的社保缴纳信息进行比对，重点关注双方参保缴费单位信息是否一致，判断该执业机构与其执业人员是否构成雇佣关系。

（2）资产评估师核查方式。一是将自查表中资产评估师的社会保险缴纳情况与当地社保经办机构登记的社保缴纳信息进行比对，重点关注双方

---

① 源自《中华人民共和国注册会计师法》。
② 源自《资产评估行业财政监督管理办法》。
③ 执业人员：在会计师事务所执业的注册会计师；在资产评估机构执业的资产评估师。
④ 挂名执业（多处执业）：是指注册会计师在本会计师事务所执业，又在其他单位（包括会计师事务所）领取工资性收入。通过核查社保经办机构、注册会计师协会及会计师事务所为注册会计师记录的参保缴费信息是否一致，找出违规线索。
⑤ 多头执业：指资产评估师分别在不同公司控制主体下的资产评估机构、房地产估价机构、土地评估机构多头执业。通过在对应评估行业协会管理系统核查资产评估师是否在不同的评估机构多头执业，找出违规线索。

参保缴费单位信息是否一致，判断该执业机构与其执业人员是否构成雇佣关系；二是在对应的评估行业协会管理系统核查，检查资产评估师是否在不同的评估机构多头执业。

5.2 ————————财政部门财会监督存在的问题————

5.2.1 财会监督的机构和职能还不完善

目前，中央和省级的财政监督机构设置较为完善，但部分市县两级的财政监督机构存在设置不规范、不健全的问题，导致财会监督工作存在薄弱环节。机构改革后，部分基层财政部门撤销了原有的行政监督机构，对财会监督人员进行了分流，财会监督工作由非专职部门进行承担；部分基层财政部门的监督工作仅由 1 人负责，且与其他机构合并办公，这将会极大地制约财会监督工作的开展。

财会监督工作虽然不断推进和完善，但职能界定还不够明晰，不利于财会监督工作的进一步发展。主要问题包括：一是财会监督工作的外延边界与其他监督部门重叠时，谁是主导，如何协作。二是财会监督部门上下级之间某些重叠的管理权限遇到投诉举报时，谁负责受理。三是财政部门内部各职能单位之间职能重叠的事项，具体由谁主导，如何配合开展财会监督工作。见表5-7，"财政部××（省区市名）监管局"是财政部派出机构，监督处是A财政局的内设机构，监督检查局是A财政局的下属单位。在开展财会监督时，这些监督主体的职责和边界都需要用制度来明确，出台相关细则或指导意见等。只有制度详细明确，才能真正实现用制度管人管事。

财会监督是财政部门的重要职能，应健全财政部门内部的监督联合机制。一是设立专职监督机构，明确具有监督职能的非专职机构及其具体权责、开展财会监督时各机构的配合和衔接等；二是实施财政系统内部上下级之间联合监管，尽快打破上下级之间的壁垒，避免各自为政，加强贯通融合，形成监管合力；三是在建立财政内部联合监管机制的基础上，配套建立考核奖惩和交流任用等机制，用以巩固强化联合监督的凝聚力，调动积极性。

表5-7　　　　　　　　　　主要监督主体法定监督职责一览表

机构名称	法定监督职责（节选）
财政部监管局①	• 承担财税法规和政策在属地的执行情况、预算管理有关监督工作 • 对属地中央预算单位预算执行情况进行监控及分析预测 • 审核审批属地中央行政事业单位国有资产配置、处置等事项 • 承担有关会计信息质量、注册会计师行业执业质量、资产评估 • 行业执业质量监督检查工作，参与跨境会计监管合作
A财政局	• 对行政事业单位和企业执行财务制度情况进行监督指导 • 监督和管理社会保障资金使用情况 • 监督和检查各单位财务制度执行情况，查处违反相关法规制度案件
A财政局监督处	• 负责财经法规政策的执行情况、预算管理有关监督工作 • 负责监督检查各单位的会计信息质量 • 负责对注册会计师、资产评估行业执业质量的检查工作 • 负责本部门内部控制管理、内部审计工作
A财政局 监督检查局②	• 负责监督检查制度和政策的制定 • 负责财税法规政策实施情况的监督 • 负责依法查处违反财税政策的相关案件 • 监督检查各局属单位制定制度情况、执行政策和预算情况 • 负责部属各单位财务收支的监管

资料来源：根据官方网站各部门职责制度梳理制作。

5.2.2　财会监督法律和制度建设滞后

从法律来看，尚未有专门针对财政执法和监督的系统性法律，财会监督的内容主要散落在《预算法》《会计法》《注册会计师法》等法律法规中，其中对财政部门履行的监督职责和内容仅有部分规定（见表5-8）。财会监督的地位、组织、职责、程序及处罚手段等方面，缺少详尽准确的

---

① 财政部监管局是财政部派出机构，原为省财政厅的办事机构，2019年由专员办正式更名为"财政部××（省区市名）监管局"，中央编办发〔2019〕33号文件确立八大职责，是财政管理中的约束和控制机制。

② 监督检查局是财政局下属单位，各地级政府的财政部监督局都是财政局管辖下的一个部门，相当于一个分局，主要职责是对财政资金的使用进行监督。财政部监督局的负责人，一般由同级财政局的副局长兼任，或者是和财政局其他内设机构同级。

法律依据，导致监督职能弱化，部分问题难以采取有效措施，甚至无法可依。财会监督工作组织方面主要沿用《财政部门监督办法》《财政检查工作办法》等部门规章，虽然提出了开展财会监督检查的程序、要求等，但由于立法层次较低，法律约束力较弱，削弱了监督的权威性。

表5-8 财会监督相关规定举例

相关法规	具体内容
《预算法》	第五十七条："各级政府财政部门必须依照法律……加强对预算支出的管理和监督。" 第八十八条："各级政府财政部门负责监督本级各部门及其所属各单位预算管理有关工作……" 第八十九条："县级以上政府审计部门依法对预算执行、决算实行审计监督。"
《会计法》	第七条："国务院财政部门主管全国的会计工作。" 第三十一条："财政部门有权对会计师事务所出具审计报告的程序和内容进行监督。" 第三十二条："财政部门对各单位的下列情况实施监督：……会计凭证、会计账簿、财务会计报告和其他会计资料是否真实、完整……"
《注册会计师法》	第五条："国务院财政部门……依法对注册会计师、会计师事务所和注册会计师协会进行监督、指导。"
《审计法》	第二十一条："审计机关对国家的事业组织和使用财政资金的其他事业组织的财务收支，进行审计监督。" 第二十二条："审计机关对国有企业、国有金融机构和国有资本占控股地位或者主导地位的企业、金融机构的资产、负债、损益以及其他财务收支情况，进行审计监督。" 第二十九条："审计机关有权对与国家财政收支有关的特定事项……进行专项审计调查。"
《中央编办关于财政部派出机构设置有关事项的通知》①	第五项："审核审批属地中央行政事业单位国有资产配置、处置管理等事项。监管属地中央金融企业执行财务制度等情况。" 第六项："承担有关会计信息质量、注册会计师行业执业质量、资产评估行业执业质量监督检查工作。"

资料来源：根据相关法律法规梳理。

① 中央编办发〔2019〕33号文件，确立了财政部派出机构财政部××（省/区/市）监管局的八大职责。

　　财会监督执法中还存在处罚种类单一、处罚标准过低等问题。一是财产处罚顶格标准较低，违法成本与违法收益不对等；二是对很多违法行为仅有财产处罚，没有更为严厉的行为处罚作为补充，对经济水平不等的个体而言，难以体现处罚的公平性，达不到惩戒作用；三是从处罚手段看，缺少对拒绝整改等问题的相应处罚措施。

　　此外，我国现行与财会监督相关的规定中，缺乏激励公众参与财会监督的制度安排，与国家治理主体多元化的趋势不符。

　　从制度来看，我国的财会监督制度建设比较滞后。我国统一的财务核算制度，尤其是企业会计制度，是形成和提供具有可靠性、可比性的财务信息的重要制度保证。由健全的财务核算制度形成的财务数据不但可以帮助利益相关者进行投资决策，而且可以为政府部门进行宏观调控提供基础数据，还是各类监管机构实施财会监督的重要抓手。相比而言，在市场经济不断改革和快速发展的进程中，我国财会监督制度的建设还比较滞后，已有的一些财会监督制度也不够完善和健全，相应的财务信用体系等配套制度也需要进一步完善。

5.2.3　财会监督力量薄弱，监督力度不够

　　目前，由财政部门开展的财会监督由于人力、手段、时间等因素限制，财会监督的覆盖面有限，威慑力不足。以会计监督为例，传统的检查方式通常为不定期突击式检查，这种非常态化的监督检查难以在第一时间发现问题，监督检查结果缺乏及时性和有效性。同时，财会监督手段相对单一，导致发现问题的能力不足；处理处罚力度不够，导致违法成本较低。以行政罚款为例，《会计法》对单位违法行为行政罚款的上限为十万元，对个人为五万元，相较于其他法律而言明显偏低，降低了《会计法》的严肃性和震慑力。

　　就监督力量的问题，笔者对A财政局基层工作人员进行了访谈。访谈结果显示A财政局在开展财会监督时的确会面临人力、手段和时间等因素的限制。以下是被访谈者的回答：

　　"预算执行的监督方面，比如预算执行率的问题，我认为做得不够好。虽然财政部门每年提交预算编制草案的时候都会进行'两上两下'的过

程，但是在预算执行效果上并不理想。由于人手有限和工作方式上的一些问题，导致预算审核不够完整，对项目的执行无法进行全过程的监督，所以常常只能进行事后监督。在事前和事中都做得不够完善，并且专项资金的检查只能进行抽检，无法全面检查。所以说在预算评价的时候会发现超预算执行的情况，我认为主要原因是在资金运用过程中监控不到位的问题。"

5.2.4 财会监督风险管控和问责机制缺失

财会监督的方式多种多样，包括审核、核查、检查、监控、督导、评价等。从财会监督的外延看，财会监督是财政、财务、会计监督活动的统称，具有一定的重叠性。但就内涵而言，学术界和实务界尚未有严格一致的界定。因此，在具体工作中，财会监督内部分工上容易造成重复监督或者互相推诿的局面。由于尚未形成统一的标准化财会监督工作流程，各级各类财会监督工作在检查中"百花齐放"，容易带来一定的行政风险。

此外，由于财会监督制度体系尚不健全，财会监督问责机制目前还难以出台。在全国范围内组织同一类型的财会监督工作时，可能会出现对同一类型问题的检查深度、处理尺度不一的现象，存在检查程序不规范、工作不到位，甚至失职渎职等问题，使得最终的工作完成情况差异较大。但由于财会监督问责机制的缺失，难以实行相应的奖惩，也难以充分调动财会监督工作人员的积极性。

5.2.5 财会监督现代科技手段利用不足

随着科技的快速发展，经济领域的信息化程度不断提高，电子税票、电子合同、财务软件远程操控等运用得到普及。然而，与之相对应的财会监督软件的开发和线上监督的运用等尚未完全跟上。如图5-4所示，从问卷结果来看，各单位都在一定程度上实现了信息技术在财务上的运用，但是主要在会计核算电算化、预决算信息化、财务管理等方面，与财会监督相关的环节的信息化运用不多。

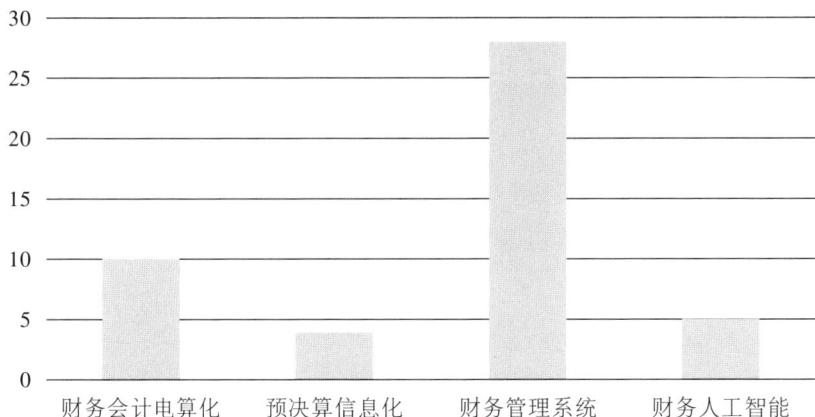

图5-4　受访单位信息技术在财会监督中的运用情况

资料来源：林菲. 关于构建新时代财会监督体系的思考——基于52家中央单位的问卷调查分析［J］. 财务与会计，2021（2）：17-19.

目前，通过各级和各地区财会监督部门的探索、开发、运用，财会监督的信息化建设虽取得了一定成绩，但与国家治理视角下财会监督的要求还有很大差距。例如，财会监督呈现出条块化、间断式、事后性等特点，不同形式的监督各自为政，信息化水平参差不齐，智能化运用有待推广。一是目前部分地区或层面的财会监督工作虽然运用了信息技术，但是由于没有全国统一的数据中心和信息化平台，数据共享程度不高，形成监督信息孤岛。由于财会监督系统内尚未实现数据共享、信息互用，这种现状不利于监督信息的综合对比、分析和研判。二是各监督职能部门间的信息共享程度较低，目前财政与市场监管、税务、证监、审计等相关职能部门未实现信息贯通，各类监督工作的信息利用率较低，重复监督、过度检查和浪费行政监管资源的可能性依然存在。

从 A 财政局内部控制信息系统建设来看，内部控制信息系统涉及 4 个模块，分别实现了预算与收支、采购、资产模块的联通，但尚未全部实现互联互通，信息化系统建设仍然需要加强。

第 6 章

中介机构财会监督现状及存在的问题

本章探讨了中介机构在财会监督体系中的作用，采用问卷调查法和案例分析法了解中介机构财会监督的现状，并剖析了中介机构财会监督存在的问题。

6.1 ————中介机构在财会监督体系中的作用————

从行业属性来看，注册会计师行业和资产评估行业都属于现代服务行业，在经济社会发展中扮演着重要的角色。如图6-1所示，从整个财会监督体系来看，会计师事务所和资产评估机构等财会工作中介机构在其中处于承上启下的重要地位，为经济社会的发展贡献专业力量。

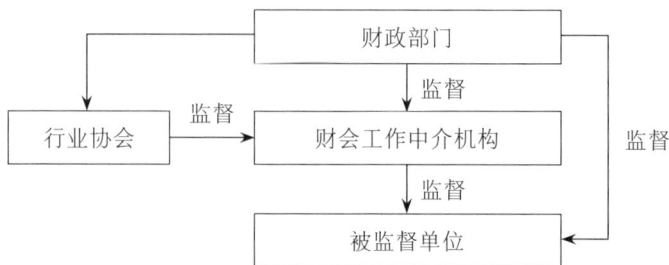

图6-1　财会工作中介机构在财会监督体系中的定位

　　财政部门和行业协会应当做好对中介机构的联合监管工作，充分利用中介机构的专业力量，这将有助于完善财会监督体系，持续推进国家治理能力现代化的进程。

　　一是将执业质量检查、日常监管和跨境监管有机结合，惩处教育并重，积极营造中介机构公平竞争的行业氛围，促进行业健康有序发展，进而提升行业整体水平。

　　二是利用中介机构的相关报告，可以发现被监督单位违法违规等问题，揭示被监督单位财会活动方面的薄弱环节，维护市场环境。这将有助于强化被监督单位的主体责任，敦促被监督单位加强内部财会监督和自我约束，降低风险；通过披露监管信息也可以为投资者提供真实公允的被监督单位信息，帮助投资者科学决策，从而提高经济投资的效率效果，助推经济高质量发展。

　　三是借助中介机构实施的审计、评估、评价等工作，可以进一步掌握和评价财政资金使用情况，有助于科学分配财政资金，优化财政政策，进而提升财政管理水平。

6.2 　中介机构财会监督的现状：基于问卷调查和案例分析

6.2.1　基于问卷调查的总体分析

　　1）问卷调查基本情况

　　为了解目前中介机构和单位（详见第7章的内容）财会监督的现状，采用问卷调查的方式来收集关于财会监督的看法。本调查问卷分为两部分：第一部分关于案例公司财会监督的情况（问题1—问题16），第二部分关于受访者对于财会监督的看法（问题17—问题25）。相应地，问卷发放对象主要包含两类：一是在案例公司工作过的；二是未在案例公司工作过的。调查问卷通过问卷星平台进行设计、发放和收回。调查时间为2021年12月15日—2022年4月15日，一共收回问卷311份，有效问卷278份，有效问卷回收率为89.39%。

2）问卷调查结果分析

在调查受访者关于监督力量来源的看法中（问题19），图6-2显示大家普遍认为监督力量存在于企业自身、政府行政监督力量以及第三方中介机构中，极少数人认为来源于其他地方，比如媒体等平台。

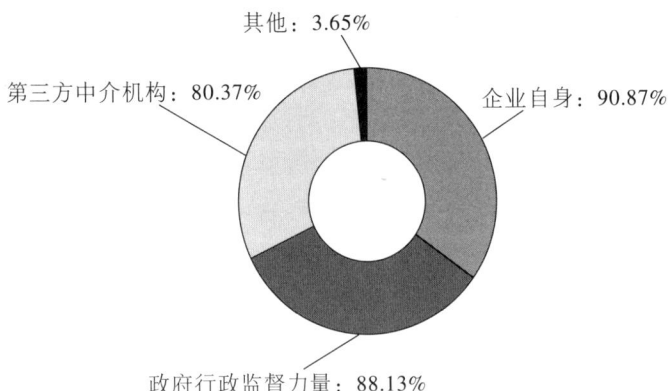

其他：3.65%

第三方中介机构：80.37%

企业自身：90.87%

政府行政监督力量：88.13%

图6-2　财会监督力量来源的调查结果

资料来源：根据问卷数据整理。

调查结果表明，90.87%的受访者认为企业内部存在财会监督力量。显然，在经营过程中，大家能够很明显地感受到企业内部的财会监督，比如支付款项前的审核要求，计算工资依据考勤打卡记录。88.13%的受访者认为财会监督的力量还源自行政监督，例如财政部门对企事业单位开展的会计信息质量检查。也有很多人认为财会监督的力量还来自第三方中介机构，占80.37%。财会中介机构的业务有时也会涉及财会监督的问题，例如会计师事务所的财务报表审计业务。只有很小一部分人认为其他地方也可能是财会监督力量的来源，仅占3.65%。

6.2.2　中介机构对绿地集团的财会监督的案例分析

1）案例公司简介

绿地控股集团有限公司（以下简称"绿地集团"）是一家全球经营的特大型企业集团，创立于1992年7月18日，总部设立于中国上海，在中国A股整体上市（600606.SH），并控股香港的上市公司。绿地集团是中国市场化改革浪潮中诞生的代表性企业之一，其前身为上海市农业委、上海市建设委发起成立的上海市绿地开发总公司，是一家以房地产、基建为主业，金融、能源、消费等产业协同发展的综合性大型集团企业。目前，绿地集团经营业务如图6-3所示，以房地产为基础，还涉及房地产相关的物业、酒店、大基建等。

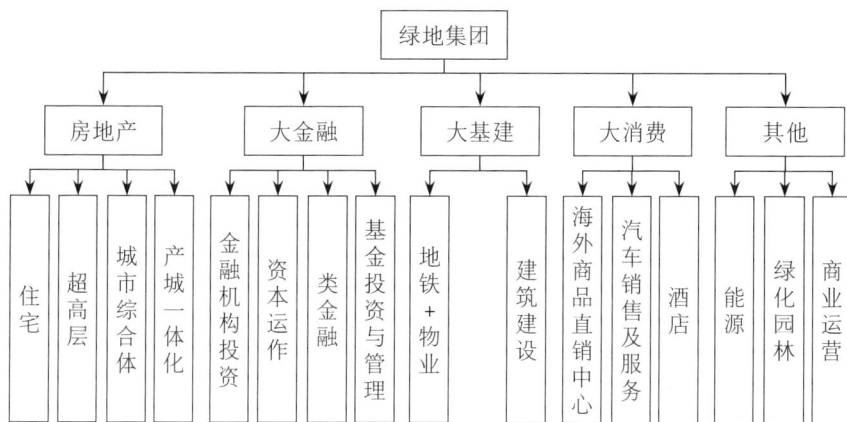

图6-3　绿地集团产业领域图

资料来源：根据绿地集团年报整理。

　　经过1997年的股份制改制之后，绿地集团一直处于是职工持股还是国资控股的股权"拉锯战"中。2013年，绿地集团作为上海市国资委在国有资本混合所有制改制工作中的试点单位，在上海市国资委的主导下，开始进行混合所有制改革，并于2015年8月18日通过借壳金丰控股正式登陆A股市场，由张玉良出任董事长。

　　2）中介机构对绿地集团的财会监督

　　中介机构对绿地集团的财会监督如图6-4所示。涉及财会监督的中介机构常见的包括会计师事务所、资产评估机构、律师事务所等。从财会监督体系看，这些中介机构的财会监督属于同一层次，但监督发生的时间、目标等不同，每个中介机构利用自己的专长在各自的领域发挥着财会监督职能。

　　（1）会计师事务所对绿地集团的财会监督

　　会计师事务所对被审计单位的财会监督主要体现在会计师事务所提供的审计服务上。整个审计流程环环相扣（如图6-5所示），逻辑严密。审计人员在审计过程中，可以抽查会计凭证。特别地，如果是基于账项基础开展审计工作，追查凭证、账簿以及报表的形成，验证记账金额，核对钩稽关系，审计过程本身就是一个对会计纠错的过程,属于开展财会监督活动的一种形式。

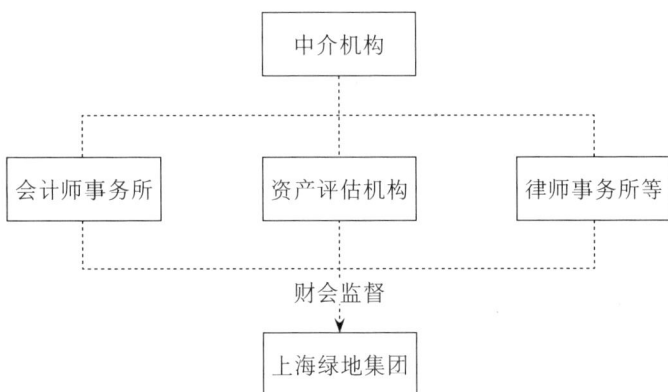

```
                    ┌──────────┐
                    │  中介机构  │
                    └──────────┘
        ┌───────────────┼───────────────┐
   ┌─────────┐    ┌─────────┐    ┌─────────────┐
   │ 会计师事务所 │    │ 资产评估机构 │    │ 律师事务所等  │
   └─────────┘    └─────────┘    └─────────────┘
        └───────────────┼───────────────┘
                    财会监督
                      ↓
                 ┌──────────┐
                 │ 上海绿地集团 │
                 └──────────┘
```

图6-4 中介机构对绿地集团的财会监督框架图

资料来源:根据绿地集团资料整理。

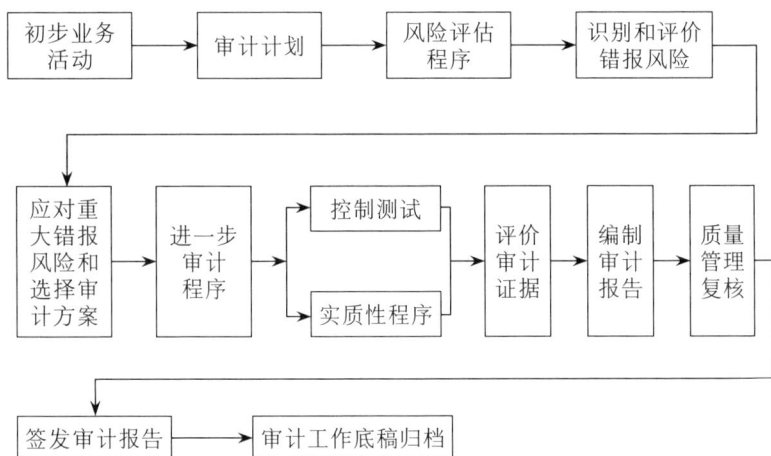

```
┌────────┐   ┌────────┐   ┌────────┐   ┌────────┐
│ 初步业务 │ → │ 审计计划 │ → │ 风险评估 │ → │ 识别和评价│
│  活动  │   │        │   │  程序  │   │ 错报风险 │
└────────┘   └────────┘   └────────┘   └────────┘

┌──────┐   ┌──────┐   ┌────────┐   ┌──────┐   ┌──────┐   ┌──────┐
│ 应对重 │   │      │ → │ 控制测试 │   │ 评价  │   │ 编制  │   │ 质量  │
│ 大错报 │   │ 进一步 │   └────────┘   │ 审计  │ → │ 审计  │ → │ 管理  │
│ 风险和 │ → │ 审计  │              │ 证据  │   │ 报告  │   │ 复核  │
│ 选择审 │   │ 程序  │ → ┌────────┐   │      │   │      │   │      │
│ 计方案 │   │      │   │ 实质性程序 │   └──────┘   └──────┘   └──────┘
└──────┘   └──────┘   └────────┘

┌──────────┐   ┌──────────────┐
│ 签发审计报告 │ → │ 审计工作底稿归档  │
└──────────┘   └──────────────┘
```

图6-5 会计师事务所审计流程

资料来源:根据相关审计准则整理所得。

2019—2021年,上海绿地集团聘任大信会计师事务所(特殊普通合伙)作为年度财务报告和内部控制审计机构。会计师事务所在审计过程中,不仅需要对公司财务数据进行计算验证,而且还会监督会计信息披露的情况。例如,大信会计师事务所在对上海绿地集团2020年度财务报表审计时,要求对受限的货币资金进行披露(见表6-1),有助于提高会计信息质量。这是会计师事务所进行财会监督的一种价值表现。

表6-1 **上海绿地集团受限货币资金明细表**

项目	期末余额（亿元）
履约保证金	34.51
银行承兑汇票保证金	51.29
用于担保的定期存款或通知存款	16.57
银行监管户资金	24.58
信用证保证金	3.61
政府专用账户资金	1.54
诉讼冻结资金	37.58
按揭保证金	0.61
其他	2.07
合计	172.36

资料来源：绿地集团2020年年报。

（2）资产评估机构对绿地集团的财会监督

2014年绿地集团对上海金丰投资股份有限公司进行了重大资产置换及发行股份，聘请了上海东洲资产评估有限公司进行资产评估。本次评估对象为拟重大资产置换及发行股份购买资产涉及的绿地控股集团有限公司的股东全部权益，评估范围包括流动资产、非流动资产（包括长期股权投资、投资性房地产、固定资产、在建工程、长期待摊费用、无形资产、递延所得税资产等）及负债等。图6-6为绿地集团重大资产重组前的股权结构。

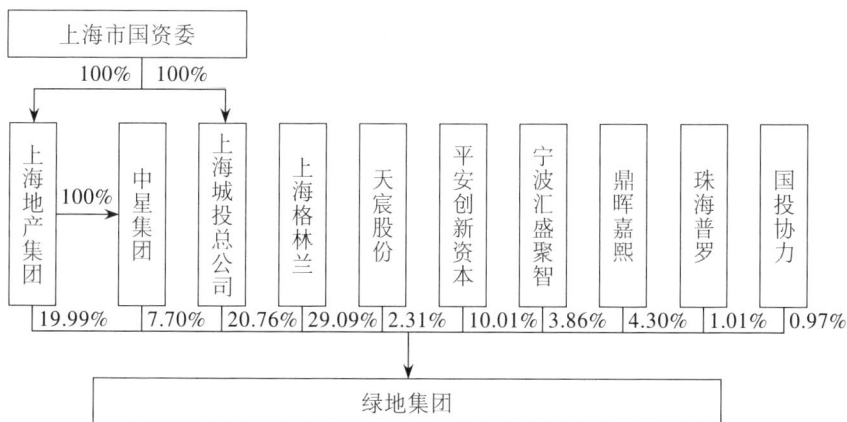

图6-6 绿地集团重大资产重组前的股权结构

资料来源：根据公开资料整理所得。

此次资产重组完成后，上海绿地集团成功借助金丰投资完成了自己的上市梦想。重组上市后上市公司的股权结构如图6-7所示，此时绿地集团的三大主要股东分别是上海地产集团（包含其全资子公司中星集团）、上海城投总公司和上海格林兰。

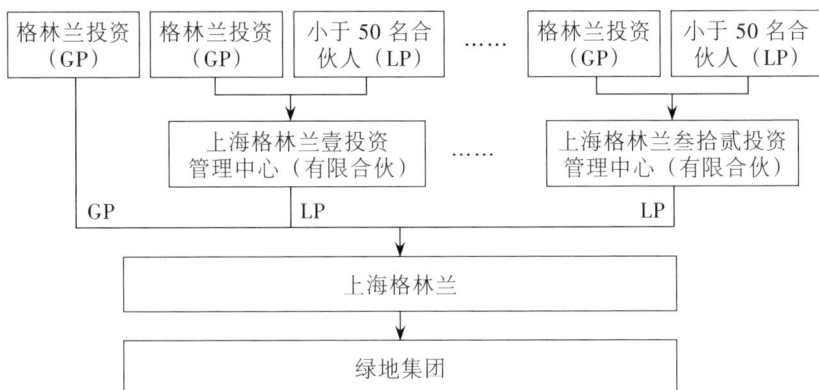

图6-7　重组后上市公司股权图

资料来源：根据公开资料整理所得。

整个资产评估的过程中除了依据《中华人民共和国企业国有资产法》、《国有资产评估管理办法》（国务院令第91号）及其施行细则、《企业国有资产监督管理暂行条例》（国务院2003年第378号令）之外，还需要遵循诸多规范性文件，包括资产评估准则和企业会计准则，见表6-2。

表6-2　　　　　　　　　　资产评估过程中需要遵循的规范性文件

序号	评估准则
1	资产评估准则——基本准则
2	资产评估职业道德准则——基本准则
3	资产评估职业道德准则——独立性
4	资产评估执业准则——资产评估报告
5	资产评估执业准则——资产评估程序
6	资产评估执业准则——工作底稿
7	资产评估执业准则——业务约定书
8	资产评估执业准则——企业价值

续表

序号	评估准则
9	资产评估执业准则——机器设备
10	资产评估执业准则——不动产
11	资产评估价值类型指导意见
12	注册资产评估师关注评估对象法律权属指导意见
13	企业国有资产评估报告指南
14	《房地产估价规范》（国家标准 GB/T 50291—2015）
15	《城镇土地估价规程》（国家标准 GB/T 18508—2014）
16	财政部令第 33 号《企业会计准则》
17	其他相关行业规范

资料来源：根据公开资料整理所得。

图 6-8 是评估项目洽谈及相关的准备工作。

第一阶段是评估项目洽谈阶段。与委托方接洽，听取公司有关人员对该单位情况以及委估资产历史和现状的介绍，了解评估目的、评估对象及其评估范围，确定评估基准日，签订评估业务约定书，编制评估计划。

第二阶段是要求和配合委托方做好评估的准备工作。指导企业填报资产评估明细申报表；对该单位填报的资产评估明细申报表进行征询、鉴别，选定评估方法；根据资产评估申报表的内容，与该单位有关财务记录数据进行核对，到现场进行实物核实和调查，对资产状况进行察看、记录；查阅委估资产的产权证明文件和有关机器设备运行、维护及事故记录等资料；评估人员和资产管理人员进行交谈，了解资产的管理、资产配置情况；开展市场调研询价工作，收集市场信息资料。

在这个过程中可以详细了解上海绿地集团的经营情况，不仅可以拿到详细的财务数据，还可以到现场进行察看，整个过程也是开展财会监督的一种形式。

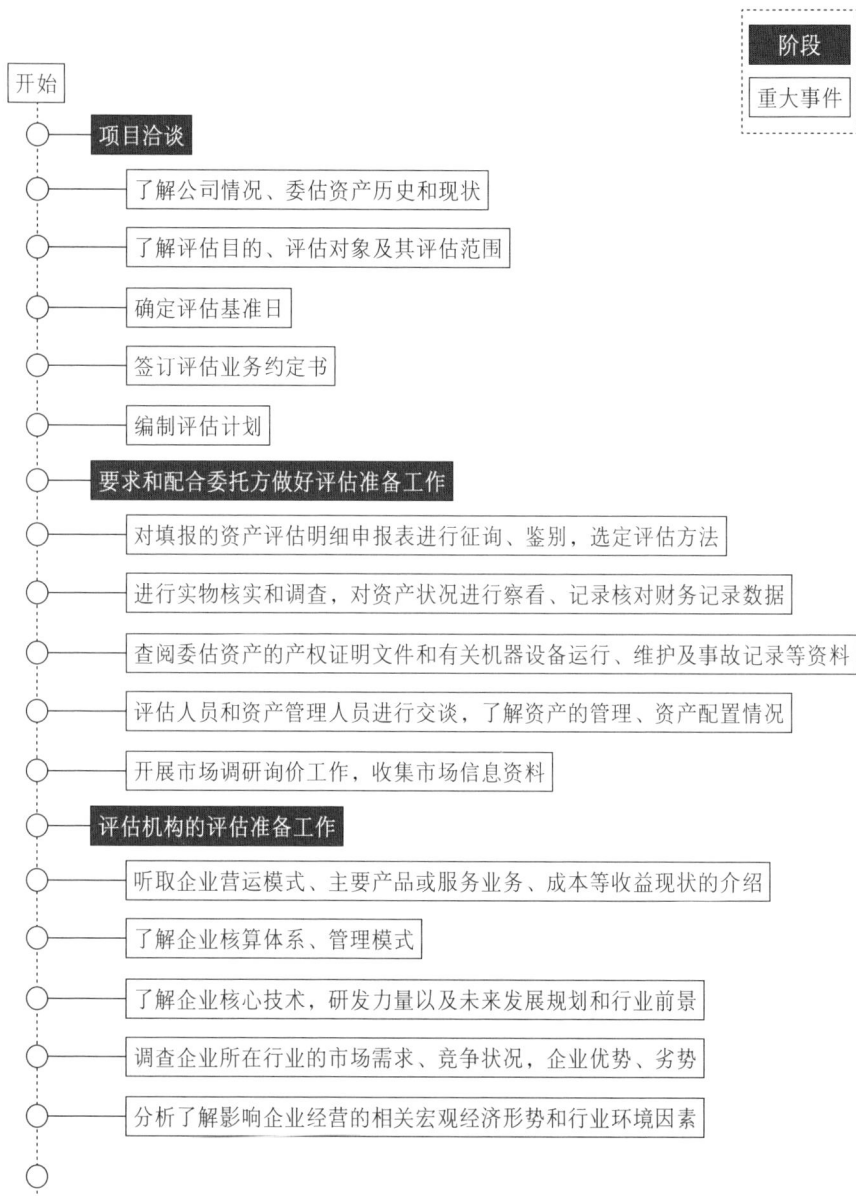

图6-8 评估项目洽谈及相关的准备工作

资料来源：绿地集团资产评估报告（2014）。

第三阶段是评估机构的评估准备工作。评估人员对管理层进行访谈，听取企业营运模式、主要产品或服务业务、成本等收益现状的介绍；了解企业核算体系、管理模式；企业核心技术，研发力量以及未来发展规划和行业前景；调查企业所在行业的市场需求、竞争状况，企业优势、劣势；分析了解影响企业经营的相关宏观经济形势和行业环境因素。

图6-9是评估项目实施阶段和出具资产评估报告阶段。

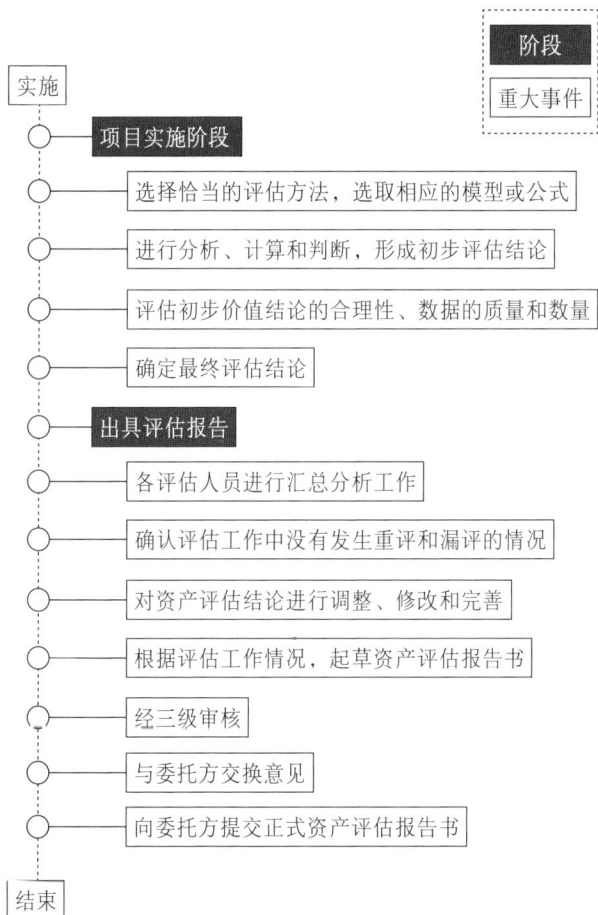

图6-9　评估项目实施阶段和出具评估报告阶段

资料来源：绿地集团资产评估报告（2014）。

在评估项目实施阶段，评估人员根据评估对象、价值类型及评估资料收集情况等相关条件，选择恰当的评估方法，选取相应的模型或公式，进行分析、计算和判断，形成初步评估结论，并对各种评估方法形成的初步结论进行分析，在综合考虑不同评估方法和初步价值结论的合理性及所使用数据的质量和数量的基础上，确定最终评估结论。

在出具评估报告阶段，各评估人员进行汇总分析工作，确认评估工作中没有发生重评和漏评的情况，并根据汇总分析情况，对资产评估结论进行调整、修改和完善；根据评估工作情况，起草资产评估报告书，并经三级审核，在与委托方交换意见后，向委托方提交正式资产评估报告书。

上海东洲资产评估有限公司开展的此次资产评估，采用资产基础法和收益法，在对被评估单位综合分析后最终选取资产基础法的评估结论。经评估，被评估单位股东全部权益价值约为人民币667.32亿元。同时披露了被评估单位有模拟增资和股利分配，以及诉讼、抵押、资产瑕疵等特殊处理事项，充分体现了资产评估在国有资产监督管理中的重要作用。

资产评估作为国有资产交易监管制度体系的组成部分，是防止国有资产流失的重要保障，在国有企业由"管人、管事、管资产"向"管资本"转型全面推进的过程中，发挥更加重要的作用。

（3）律师事务所对绿地集团的财会监督

律师事务所也是中介机构财会监督力量中的一员。律师经手的各类案件，特别是经济案件，往往会涉及企业的财会信息，如是否有偷税漏税、是否有虚开发票、各类款项是否属实等，也可以看作是广义的财会监督。

通过企查查数据统计，截至2022年3月1日，上海绿地集团法律诉讼涉及案件742件，涉案案由多为合同纠纷。根据图6-10可以发现，绿地集团目前司法案件纠纷主要集中于合同纠纷，如商品房预售合同纠纷、房屋买卖合同纠纷、建筑工程施工合同纠纷等项目，这些项目占比高达73.11%。从监督角度看，律师事务所的财会监督力量也是不容小觑的。

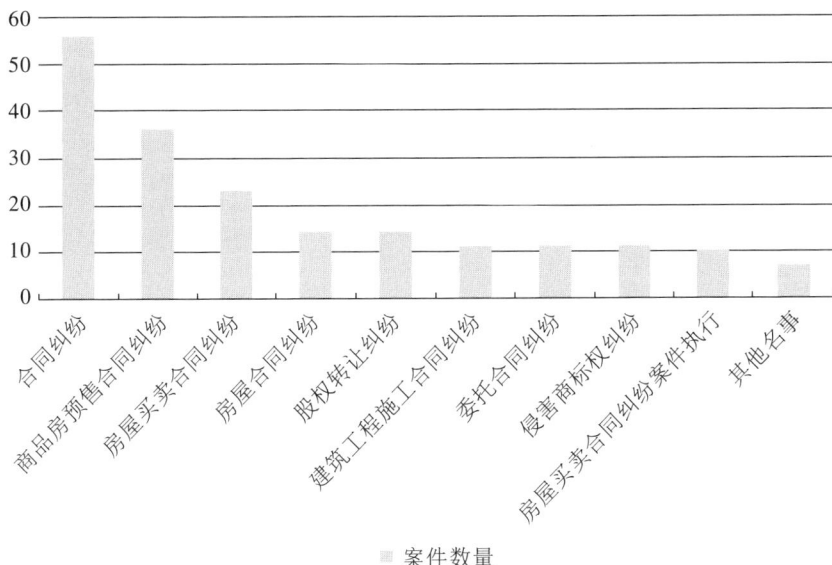

案件数量

图6-10 上海绿地集团司法案件涉案类型统计表

资料来源：根据企查查数据整理。

3）中介机构对绿地集团财会监督简评

中介机构虽然众多，但是与财会监督有关的目前主要集中在三类：会计师事务所、资产评估机构、律师事务所。这三类中介机构的财会监督涉及范围广、力量大、专业性强，且监督力量稳定持续。会计师事务所每年需要定期出具审计报告，这部分监督力量覆盖范围最广最具规律性。资产评估机构的监督力量虽然不如会计师事务所强大，但对于促进市场资源优化配置、服务资本市场发展、规范经济秩序、维护公共利益等有重要作用，因此资产评估机构也是重要的财会监督力量之一。此外，律师事务所的财会监督力量也不可或缺。其他中介机构如投资机构、数据库平台等，其财会监督力量尚未形成。

6.3 中介机构财会监督存在的问题

1）监督形式主要是事后监督

目前与财会监督相关的中介机构主要有会计师事务所、资产评估机构等，这些中介机构的监督主要是事后进行的。例如，会计师事务所的监督主要集中在年审，而资产评估机构的监督主要集中在企业改制、产权转让、以非货币性资产对外投资、资产涉诉等情况中。这类机构往往利用企业以往的经营数据包括财会信息来进行审查判断，监督效果具有滞后性。由于中介机构参与财会监督的时间多为特定的时间段，因此给一些单位可乘之机，使其可以提前调整数据以应对监督。

2）中介机构财会监督质量参差不齐

中介机构属于企业的利益相关者，所以在监督的过程中难免有失公允。中介机构的监督质量受监督人员、机构规模、监督时点、费用高低等因素影响。例如，不同规模不同地区的会计师事务所的监督力量存在差异。一般地，规模较小、所在地较偏远的中介机构监督的质量相对低一些。即便是一些规模较大的机构，不同的人员组别间也可能存在差异，导致监督质量有一定差别。目前，中介机构执业质量的提升也是难题之一。例如，考虑到对被监督单位实施财会监督可能会增加中介机构的工作量，部分工作人员即使发现问题也不愿意指出，选择视而不见，这些都是目前中介机构面临的问题。

3）中介机构独立性有待提高

处于买方市场的中介机构较为被动，有时候即便中介人员发现企业的不合规不合理的现象，出于自身业务需求的考虑也选择闭口不言，进而中介机构的独立性受到影响，难以客观公允地发表意见，从而影响到财会监督的质量。例如，在买方市场的审计环境下，委托方拥有审计收费的主动权，在一定程度上会对审计业务的真实性和独立性产生影响，进而影响审计报告的公允性。同时，中介机构的年报审计主要侧重于程序性、规范性审计，对会计事项背后掩藏的违法、违纪和腐败问题缺乏应有的敏感性。随着国家治理水平的提升，中介机构在监督力量中处于不可替代的位置，如何提高中介机构的独立性是我们需要进一步思考的问题。由此可见，中介机构财会监督的效果取决于其执业质量。

4）中介机构信息化建设有待进一步提高

中介机构工作效率及职业判断能力在一定程度上依赖信息化水平。以会计师事务所为例，国内部分大型会计师事务所采用功能较为齐全的业务管理软件，而一些中小型会计师事务所也逐步尝试采用一些相对简单的业务管理软件。随着会计师事务所的发展，以往的信息系统面临数据不能共享的问题，分散的信息化管理方式弊端显现。

目前，区块链、云计算、大数据技术方兴未艾，未来社会的数据价值凸显。2018 年德勤的财务机器人问世，标志着未来财会工作正在向智能化转型，财会工作中介机构要紧跟时代步伐，加强自身信息化建设，包括实现业务系统与财会系统的一体化管理，系统全面地进行业务数据分析；业务系统管理实现自动化、智能化，如业务审批根据风险等级不同，支持自动智能选择审批人；客户关系维护实现精细化管理，对客户信息进行分类，更精准地把握商机；实现日常办公自动化，并具备查询统计功能。

第 7 章

单位内部财会监督现状及存在的问题

本章继续采用问卷调查和案例分析法了解单位内部财会监督的现状，并剖析了单位内部财会监督存在的问题。

7.1 —单位内部财会监督的现状：基于问卷调查和案例分析—

7.1.1　基于问卷调查的分析

本章的问卷调查与第 6 章问卷调查中介机构财会监督现状一起进行，调查问卷通过问卷星平台进行设计、发放和收回。调查时间为 2021 年 12 月 15 日—2022 年 4 月 15 日，一共收回问卷 311 份，有效问卷 278 份，有效问卷回收率为 89.39%。

为了解社会公众对财会监督的认知情况，第二部分一共设置了 9 个问题（问题 17—问题 25）。其中，对于"问题 17　请问您是否了解过财会监督相关的内容?"，70.78% 的受调查者表示了解过。这说明从 2020 年国家首次将财会监督提升到国家治理层面至今，大部分社会公众已经通过一些渠道了解到了财会监督的相关内容。

在调查社会公众看待财会监督对公司发展的态度时（问题 18），图 7-1

显示56.62%的受调查者认为财会监督对一家公司的发展很重要，34.25%的受调查者认为财会监督对一家公司的发展重要。总体上看，绝大部分的受调查者认可财会监督对于公司发展的重要作用，只有极少数人认为财会监督对公司发展不重要。

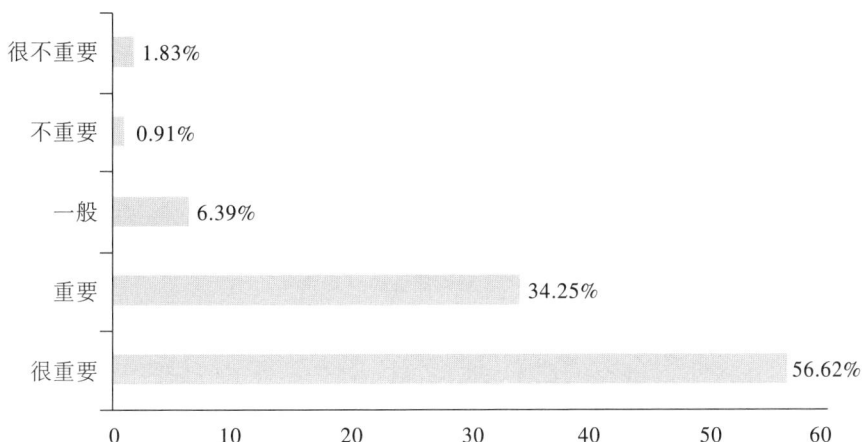

图7-1　财会监督对企业发展重要性调查结果

资料来源：根据问卷数据整理。

在调查社会公众对财会监督目的的看法时（问题20），图7-2显示91.78%的人认为加强财会监督的目的是提高企业运营效率，68.04%的人认为加强财会监督可以整合各平台资源，减少重复作业，60.73%的人认为加强财会监督可以提高国家治理水平。根据问卷调查结果来看，公众对于加强财会监督的目的认识较为清晰，认可财会监督的积极作用。

7.1.2　基于绿地集团财会监督的案例分析

1）案例公司简介

详见"6.2.2　中介机构对绿地集团的财会监督的案例分析"中"1）案例公司简介"部分的内容。

2）绿地集团财会监督问卷调查总体情况

调查问卷通过问卷星平台进行设计、发放和收回。调查时间为2021年12月15日—2022年4月15日，一共收回有效样本54份，受访者在绿地

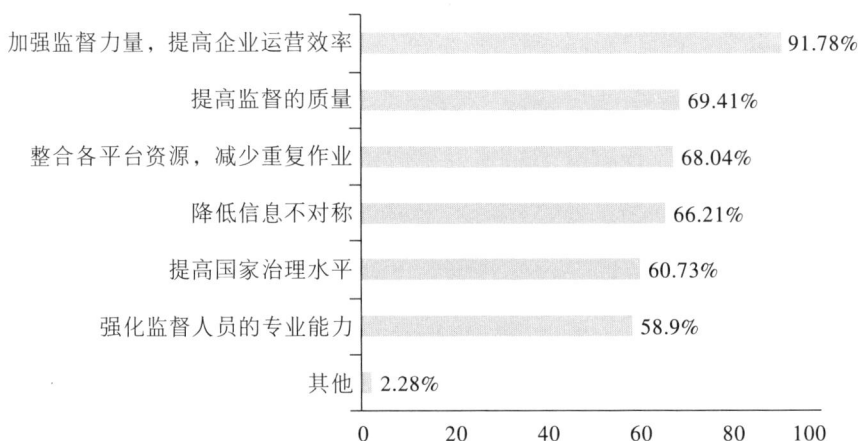

图7-2　财会监督目的调查结果

资料来源：根据问卷数据整理。

集团就职的岗位分布（问题5）见表7-1。其中，在财务部门工作的人员数量为26人，占比48.15%；在人力资源部门工作的人员数量为6人，占比11.11%；在销售部门工作的人员数量为5人，占比9.26%；在采购部门工作的人员数量为5人，占比9.26%；在其他部门，如办公室、工程部等部门工作的人数总共12人，占比22.22%。

表7-1　　　　　　　　　样本人口特征统计

选项	小计	比例
财务部门	26	48.15%
人力资源部门	6	11.11%
销售部门	5	9.26%
采购部门	5	9.26%
其他	12	22.22%
有效样本人数合计	54	

资料来源：根据问卷数据整理。

在调查绿地集团内部员工是否了解过财会监督时（问题11），表7-2显示在54个公司内部的受访者中，有85.19%的人之前了解过财会监督工作，有14.81%的员工不了解财会监督工作。这说明目前企业内部财会监督的宣传工作还有待进一步加强。从利益相关者角度出发，财会监督工作不仅仅是财会部或者监督部门的事情，而是需要每一位员工了解财会监督相关内容，并且参与其中。

表7-2　关于绿地集团内部员工是否了解过财会监督的结果统计情况

选项	小计	比例
是	46	85.19%
否	8	14.81%
本题有效填写人次	54	

资料来源：根据问卷数据整理。

在调查员工对绿地集团财会监督情况评价时（问题10），列出了6个评价维度，分别是办事效率、培训制度、审批机制、信息化程度、制度落实情况以及财会监督人员专业能力，评价结果如图7-3所示。

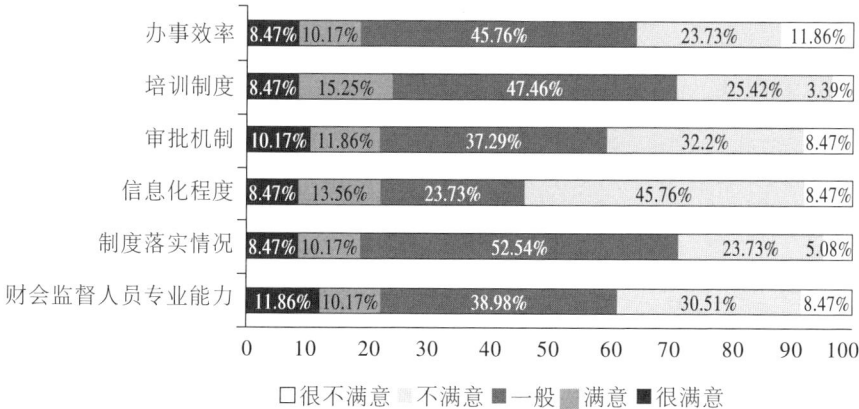

图7-3　绿地集团员工对企业财会监督情况评价统计图

资料来源：根据问卷数据整理。

调查结果表明，绿地集团内部员工对于办事效率以及信息化程度最不满意，将近35%的人对办事效率不满意，超过一半的人认为绿地集团的信息化程度落后，超过三分之二的人认为绿地集团的制度落实情况良好，38.98%的人认为财会监督人员专业能力一般。

关于绿地集团内部财会监督力量来自哪些机构的问题（问题13），调查结果如图7-4所示，超过一半的人认为上海绿地集团的财会监督力量来自党务工作部以及财务部。特别是有89.83%的内部员工认为绿地集团的财会监督力量来自财务部，这说明财务部在日常的财会监督工作中发挥着积极作用。其余有三分之一左右的人认为财会监督力量来源于工程合约部、投资发展部以及办公室。从调查结果来看，每一个部门或多或少都存在财会监督力量，但监督力量的强度会有所差别，如财务部是财会监督的主力部门，其他部门如党务工作部以及办公室也是公司财会监督的重要部门。

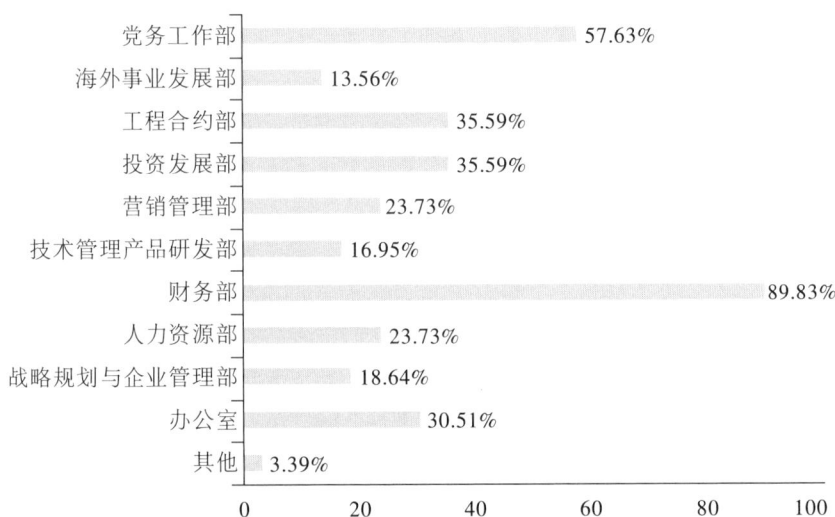

图7-4 企业财会监督存在部门问卷结果

资料来源：根据问卷数据整理。

在调查公司外部财会监督力量来源时（问题13），图7-5显示投票给会计师事务所、税务局、国资委的人数最多。94.92%的人认为会计师事务所是公司外部财会监督的重要机构。相比而言，选择律师事务所、资产评估机构的人较少。

在调查员工评价公司内部财会监督效果时（问题15），图7-6显示38.98%的人认为绿地集团财会监督的效果差，33.9%的人认为绿地集团财会监督的效果一般，其余约20%的人认为绿地集团财会监督的效果好。从调查结果来看，绿地集团财会监督效果还有进一步提升的空间。进一步调查发现（问题16），有96.61%的人认为上海绿地集团有必要加强公司内部财会监督。

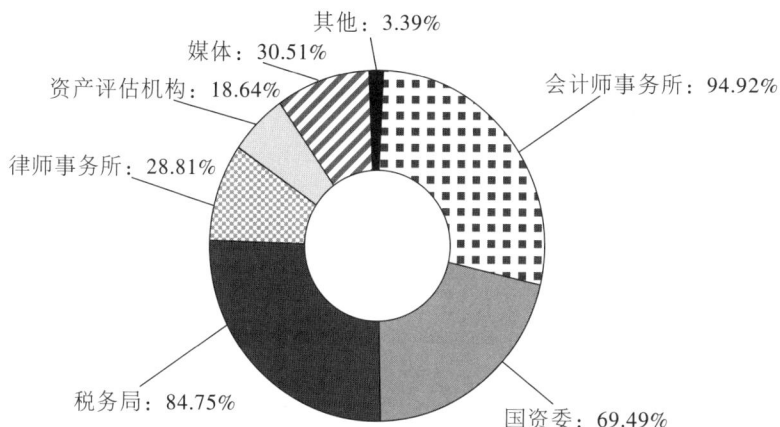

图7-5 来自企业外部的财会监督力量问卷结果统计图

资料来源：根据问卷数据整理。

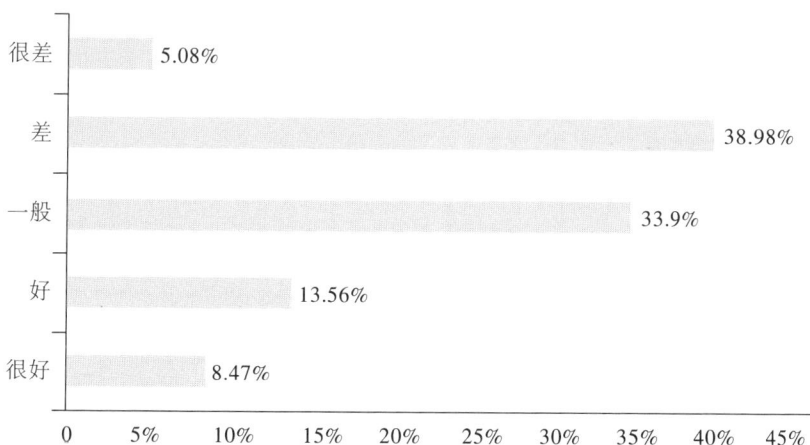

图7-6 绿地集团财会监督效果评价汇总图

资料来源：根据问卷数据整理。

3）绿地集团财会监督现状

财会监督作为党和国家十大监督体系的重要组成部分，在党和国家的监督体系中发挥着基础性的支持作用。基于国家治理视角，财会监督的内涵和外延都得到了极大的丰富和拓展。根据前文"4.1.1 财会监督的内涵"，国家治理视角下的财会监督是为保障党和国家政策的贯彻落实，确保财会管理的规范有效，依法依规对相关经济活动主体的财政、财务、会计等事项实施的监督。只要一个单位存在财政活动、财务活动和会计活动，就应当加强财政监督[①]、财务监督和会计监督。其中，财政监督主要是监督财税法规和政策执行情况及预算管理中的相关事项或特定方面；财务监督主要是监督某一领域或某一类型单位的财务制度及其执行情况；会计监督主要是监督和规范各类会计信息和会计行为。财政、财务和会计监督按其外延的扩展，常常会相互贯通，既有区分、又有重合。尤其是在会计监督检查中，常会遇到属于财政和财务监督中的财政拨款、税收核算、内控管理与基建财务等类型的核查工作。因此，国家治理视角下的财会监督不是财政监督、财务监督和会计监督三者的罗列或简单拼盘，而是三者的有机融合和凝练升华。

基于上述认识，我们在考察绿地集团财会监督的现状时，将绿地集团财会监督细分为三个领域（如图7-7所示），即财政监督、财务监督、会计监督。

图7-7　上海绿地集团财会监督框架

资料来源：根据绿地集团资料整理。

（1）绿地集团财政监督现状

上海绿地集团作为老牌国企，属于上海市国资委的管辖范围，受上海市国资委的监管。因企业的属性，绿地集团除了要考虑经济目标，加强对国有资产的监管等外，还肩负着一定的社会责任，需要考虑国家的政策方针，比如保障就业等问题。

在日常经营活动中，上海绿地集团财政监督力量主要来自集团党务部门以及国资委对接专员。财政监督主要是通过定期提交国有资产统计报表

[①]　特别需要强调的是，这里的财政监督，是指单位内部的财政监督，与前文所讨论的财政部门的财政监督既有联系，又有区别。联系是两者监督的对象相同，都是针对财政活动开展的监督。区别是监督主体不同，单位内部的财政监督，其监督主体是单位本身，具体实施主体可能是单位内部的专门部门或者其指定的部门，从财会监督体系层次看，这属于第一道防线，也是最基本的监督；财政部门的财政监督，其监督主体是财政部门，属于财会监督的外部监督，从财会监督体系层次看，这属于第二道防线，也是不可或缺的监督。

以及预决算报表来进行，同时党务负责人需要对集团整体的经营发展情况进行跟踪监察。

（2）绿地集团财务监督现状

绿地集团信息系统以业务系统为基础，将财务监督寓于全面预算监督管理中（如图7-8所示）。业务系统包括NC系统①、SAP系统、OA系统和人力资源系统。核算层包括财务运营系统、会计核算系统、资金管理系统、税务管理系统。其中，财务运营系统包括合同管理系统、发票管理系统、营收稽核系统等。管理层则包括了预算管理系统、成本管理系统、绩效管理系统、内控和风险管理系统。决策层则包括经营决策支持系统。

全面预算是实现资源有效分配的重要手段，是瞄准业务目标，把人、财、物一致匹配起来的措施与方法。通过资源的合理配置，保障了战略与行动的一致性。绿地集团运用全面预算管理，与经营考核、绩效考核相挂钩，通过对比分析一线数据和财务指标之间的联系，深入了解绿地集团经营发展中的内外环境变化，及时发现影响集团长足发展的各项风险因素，从而更好地发挥财务监督的成效。

绿地集团灵活运用现代信息技术手段，打破业务与财务壁垒，让财务主动走入业务中，成为财务BP，作为业务中的一员，追踪业务办理动态，提供盈利分析、经费预测、税务筹划、项目申报、风险防范与化解等专业财务服务，支持业务"多打粮食"，使业务逐渐认识到财务的作用，成为业务不可或缺的帮手、伙伴。绿地集团积极运用信息技术，充分发挥财务作为天然数据中心的优势，深度挖掘集团财务监督过程中的各类信息。立足集团整体发展，明确各个环节的业务内容，尤其是全面预算、资金管理等环节，将企业会计准则、内部控制措施、审核审批要点内嵌至业务办理的全领域，实现以核算场景为基础向业务场景为核心转换，推动财务管理从信息化向数字化、智能化转型。通过运用最合理的财务监督和成本控制手段，保证集团内部形成强有力的监督，促使集团获得长远发展与进步。

---

① NC系统，是指用友NC管理软件，是一个全面的预算管理平台，支持企业从销售计划→生产计划→采购计划→费用计划→投资计划→资金计划→损益计划→资产负债计划的全面预算控制。

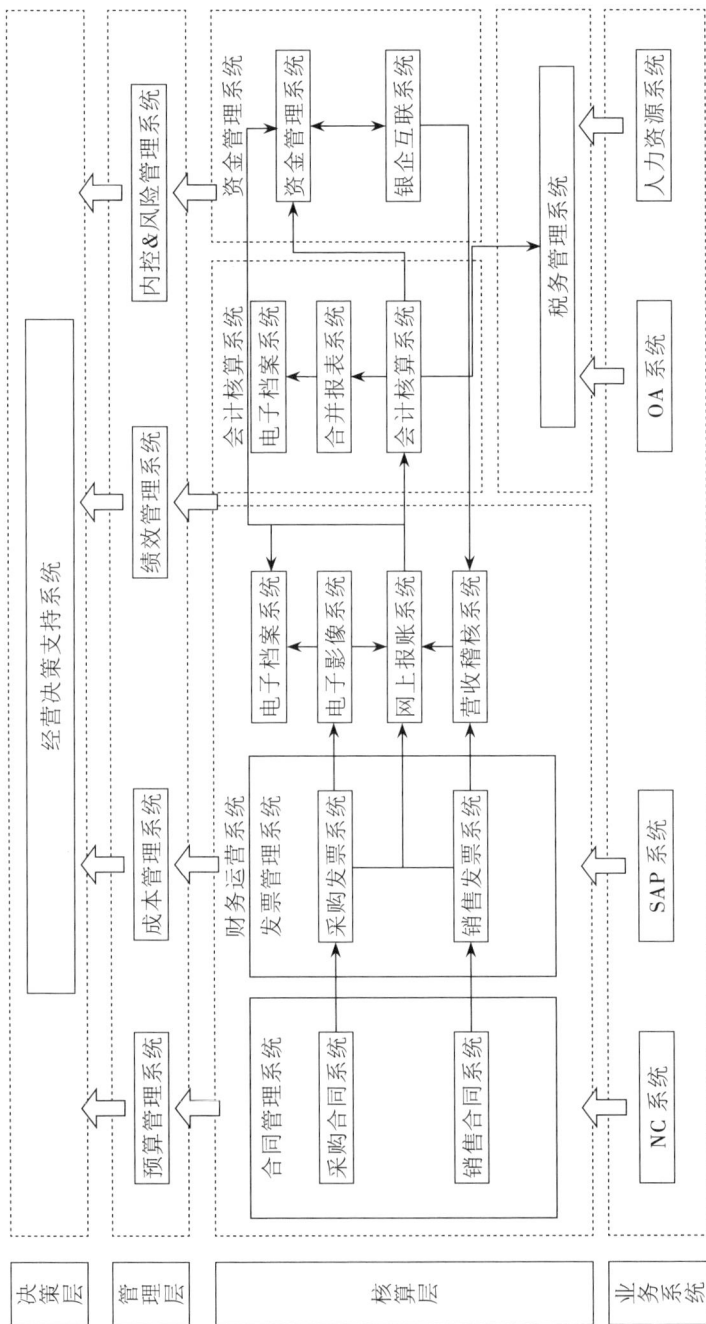

图7-8 绿地集团信息系统框架

资料来源：根据绿地集团资料整理。

监事会也是集团财务监督力量之一。《公司法》第五十三条规定了监事会的职权，其中就包括"检查公司财务[①]"。《上市公司治理准则》（2018）第四十七条规定："监事会依法检查公司财务，监督董事、高级管理人员履职的合法合规性，行使公司章程规定的其他职权，维护上市公司及股东的合法权益。监事会可以独立聘请中介机构提供专业意见。"从以上规定可以看出，在公司治理的各个要素中，监事会作为我国上市公司内部治理机制的一部分，承担着法定的财务监督职能。

（3）绿地集团会计监督现状

绿地集团会计监督主要依靠集团会计部门，具体岗位分工见表7-3。我们可以看到，绿地集团会计部门分为9个组，每组都有明确的任务分工，这给会计监督工作提供了组织保障。较为清晰的职责分布，既为不同组别的会计监督划分了职责范围，也为监督工作提供了清晰的边界，可以落实到组别、落实到个人。

表7-3　　　　　　　　　**上海绿地集团会计部组成情况表**

选项	小计	比例
出纳组	18	16.51%
资金组	20	18.35%
预算组	16	14.68%
会计核算组	27	24.77%
审计组	43	39.45%
发票税务组	16	14.68%
费控组	24	22.02%
财报组	22	20.18%
其他	1	0.92%
本题有效填写人次	109	

资料来源：根据问卷数据整理。

[①]　严格地讲，从《公司法》的立法目的看，这里的"财务"应该是广义的概念，涵盖了"会计"之意。

绿地集团分支机构较为庞大，会计人员较多。总体而言，集团总部的会计人员受教育程度和专业胜任能力普遍高于旗下的子公司等分支机构。会计人员的综合能力和素质直接影响到会计监督的效果。

通过访谈得知，相比而言，集团对会计人员的重视程度不及业务人员，会计人员的工作成就感比较低，有的人工作一段时间便会选择跳槽。集团会计人员的流动较为频繁，这在一定程度上会削减会计监督的力量。主要原因是每一轮人员的流动都将会面临一段时间的"适应期"，在这段时间里，新到岗的会计人员需要熟悉业务，甚至有的人可能会"照搬照抄"前人的经验，而忽略会计监督的作用。

会计人员在开展会计监督的过程中也面临信息困境。由于会计人员没有融入业务过程，不清楚业务部门的相关信息，这在一定程度上给会计监督带来了阻力。会计人员即使想做好会计监督，因受限于信息不充分，此时往往也是有心无力。

7.2 ————单位内部财会监督存在的问题————

1）重核算，轻监督现象比较普遍

大部分单位财务人员对财会监督的认知都仅停留在政策文件层面，对具体的流程和方法缺乏认知。一些单位负责人、财会人员存在重会计核算、财务管理，轻日常监督的倾向，认为日常财务会计工作就是把账算清楚，通过筹资、用资达到经济效益最大化，而对财会监督维护国家经济安全、发挥反腐败斗争的重要手段的认识则不足。

2）部分单位财会监督工作独立性不强

部分单位在财务、会计岗位职责设置上未突显监督职能，对财务监督、会计监督在单位经济活动过程中如何操作和发挥作用缺乏相应的制度保障，无法对领导形成有效的监督制约。一些单位主要依靠设立内部审计监督机构开展会计监督工作，侧重于事后监督，忽略了财会监督事前、事中的分工制约功能。

3）财会部门在管理决策中话语权较小

一些企业的财会部门的被重视程度不及业务部门，甚至有的处于边缘化的状态，难以开展财会监督活动。部分国有企业反映财会部门对重大投资、重组等决策过程参与程度不深、投票权重不高，难以有效发挥监督作用。

4）财会监督的信息化程度不高

信息技术在财会监督环节运用不多。目前，各单位都在一定程度上实现了信息技术在财务上的运用，但是主要在会计核算电算化、预决算信息化及财务管理方面，财会监督信息化水平跟不上国家治理体系和治理能力现代化的要求。在数字经济时代下，财会监督效率的提高更需要借助于"大智移云物"等新一代信息技术，促使财会监督高质量发展。

5）财会监督意识比较薄弱，主动性不够

"放管服"管理理念和"多一事不如少一事"心态导致财会监督工作在实践中浮于表面，对苗头性、倾向性问题不敏感，采取有效措施不够主动。同时，面对日益复杂的财会监督形势，财会监督人员专业化水平也亟需加强。

第 8 章

财会监督的现实困境与能力提升

本章主要从财会监督服务国家治理的角度讨论三个问题。一是考察现行财会监督经济环境、法规制度、监督资源、技术手段、企业文化和人才培养等方面存在的障碍与困境，为后文财会监督的路径优化和协同机制的研究指明方向。二是如何优化不同层次财会监督体系，这是对不同层次财会监督体系本身进行优化和完善的探讨，可以看作是静态研究。三是不同监督体系协同机制的探讨，可以看作是动态研究。第二个问题又可以细分为两个方面：（1）多层次财会监督体系内部如何协同的问题；（2）财会监督体系与其他监督体系如何协同的问题。

8.1 ————财会监督的现实障碍与困境分析————

财会监督面临的现实障碍与困境主要包括以下几个方面：

8.1.1 复杂多变的经济环境

随着经济全球化的深入发展和市场环境的变化，各种组织的财会活动变得复杂多样，造成财会监督工作面临更大挑战。财会监督需要监管各种不同类型的组织和企业，包括国有企业、民营企业、跨国公司等，它们的业务模式、财务结构各不相同，也加大了财会监督的难度。特别是，由于信息不对称，一些单位在提交给监督机构的财务报表中可能存在虚假信息或隐瞒财务状况的情况，从而导致监督机构难以准确地了解单位的真实财务状况。

8.1.2　监督体系分割壁垒

目前我国财会监督的立法基础不够健全完善，一些地区的财会监督法规仍存在漏洞和不完善的地方，不同层级、不同部门的财会监督机构之间存在信息壁垒、监督职责分割等问题，制约了监督工作的效率和效果。

8.1.3　监督工作的资源短缺

许多财会监督机构在人力、物力、财力等方面资源短缺，导致有些地区或领域的财会监督机构覆盖面相对较窄，监管缺乏全面性和深度，难以实现全面监督，容易出现监督盲区或漏洞。例如，一些财会监督机构资源有限，导致无法对所有企业进行充分的监督，容易出现忽视或放松对某些企业的监管。

8.1.4　信息技术快速发展

新兴科技的应用给企业财务管理带来了便利，但同时也增加了财务数据被篡改和被窃取的风险，监管机构需要不断提升对新技术的应用和监督能力。然而，随着信息技术的迅猛发展，一些财会监督机构技术手段和工具落后，导致监督过程中存在盲点，无法及时识别风险。例如，一些监督机构的监督手段和技术水平滞后于企业财务展现形式的变化，导致监管效果打折扣。

8.1.5　被监督对象的不诚信行为

随着金融市场和经济的发展，一些被监督对象存在财务数据造假、隐瞒信息等不诚信行为，财务风险也时有发生，经常出现新型的财务造假手法，而个别财会监督人员也可能存在贪污受贿等问题，这些因素都给财会监督工作带来了困难和障碍，这就需要监管机构及时调整监管手段。例如，随着市场环境的变化，企业和个人往往会采用各种新的财务犯罪手段，如利用新型金融工具、虚拟账户等，使监督机构难以及时察觉和防范。

8.1.6　人才培养和流失问题

财会监督人才的培养需要一定时间，而且需要具备丰富的实践经验才能胜任监督工作，财会监督机构在人才储备方面存在不足的问题。同时，在竞争激烈的市场环境下，一些监督机构面临人才流失问题，影响监督的连续性和稳定性。

综上所述，财会监督在现实中面临着诸多障碍和困境，国家需要不断完善财会监督制度和法规，加强人才培养，推动财会监督工作向更科学、高效和透明的方向发展。财会监督机构需要不断完善监管手段、加强协同合作、加大资源投入，提高监督水平和效果。同时，单位也应提高自身的诚信意识，提高财务透明度，积极配合监督机构的监管工作，共同维护良好的市场秩序。

8.2 ——基于系统动力学的财会监督能力提升——

8.2.1　财会监督能力提升的重要性和紧迫性

近年来，国内已有学者针对我国财会监督体制机制和运行机理开展了相关研究。如上文所述，随着高质量经济社会发展和改革的不断深入，我国财会监督体系逐渐完善，但目前财会监督工作的基础仍然较为薄弱，监督能力还有待提高，特别是在完善体制机制、培养监督队伍、创新监督手段、提升监督效能等方面有待进一步加强。与此同时，新时期，国家治理理念发生转变，全面依法治国方略不断推进，政府职能加速转变，强化依法行政和规范行政执法工作等一系列政策不断出台，对财会监督能力提出

了更高要求。现实环境与治理要求的差距凸显财会监督能力提升的重要性
和紧迫性。

　　纵观现有研究文献，学术界和实务界主要根据直观认识、经验判断的
方法对财会监督能力及其影响因素进行了初步研究，忽视了财会监督能力
的形成过程，缺乏通过深入的因果关系考察财会监督能力的影响因素与作
用机制。因此，本部分聚焦于财会监督能力演化过程，厘清影响财会监督
能力建设的关键因素和动力机制，以期为促进财会监督能力建设提供参考。

8.2.2　影响财会监督能力提升的关键因素分析

　　国内外的学者对不同领域的监督问题进行过深入研究，为财会监督能
力问题的研究提供了理论依据。就监督能力而言，国外学者认为监督资
源、监督制度、监督机构的独立性、监督活动产出状况等是其重要组成部
分。其中，监督资源的充裕度是衡量监督能力的基础，配套制度、独立性
是监督能力建设应重点关注的内容。此外，监督技术、检查能力与监督能
力密切相关。从国内研究来看，与监督能力有关的主要因素包括机构运
作、机构职能、监督政策、监督资源、监督体制等。此外，一些学者将监
督能力作为政府能力的一种，基于政府能力理论对不同领域监管能力进行
研究。例如，汪永成（2004）认为，政府能力构成要素包括人力、财力、
物力、信息、制度、权力等资源，这些要素围绕特定目标在不同环节中聚
合、配置和动态运用就是政府能力的外显形式。①

　　尽管不同的学者对监督能力构成的界定不尽相同，但是大都包含资
源、制度和履职等内容。在借鉴以往研究成果的基础上，本书认为财会监
督能力的内在要素包括资源要素和组织要素，外显实际能力主要通过职能
履行表现出来。结合财会监督的相关研究成果，下面进一步分析财会监督
能力各要素之间的关系。

　　1）资源要素与职能履行的关系

　　任何职能的履行都以一定的资源消耗为基础，只有资源作用发挥充
分，所能完成的任务才能更多更好。财会监督资源要素包括监督机构所需

───────

①　　汪永成.政府能力的结构分析［J］.政治学研究，2004（2）：103−113.

的各种资源，如财力、人力、物力、信息技术等。这些资源对于开展财会监督工作至关重要，是实现监督目标和任务的保障和支持。具体说来，财会监督主体是财会监督工作的具体落实者，经费投入直接影响职能落实的程度，监督辅助设备设施是保障财会监督效率和质量的必备条件。目前，财会监督队伍存在人员数量不足、人员专业背景与财会监督发展需求不匹配、队伍不稳定，财会监督工作的经费投入不足，财会监督体系分割壁垒，财会监督信息协同机制建设滞后等问题。这些问题不同程度地影响着财会监督职能的履行，其造成的后果就是任务执行存在应付了事、无法深入等情况。由此可见，充足的监督资源对财会监督职能履行起着重要的作用。

2）组织要素与职能履行的关系

财会监督组织要素包括监督机构的机构设置、管理体制、规章制度、人员队伍等。这些组织要素构成了财会监督体系的基础，为实施有效监督提供了组织保障和制度支持。具体说来，单位内部财会监督、财会监督机构层级间以及财会监督体系与其他监督体系间的职能划分不清，导致空白、重复和无效监督出现。财会监督制度不完善，导致在监督比自己级别高的单位或单位内部机构时，难以突破关系网的压力，影响监督的有效实施。此外，财会监督专项监督或临时性、指令性任务过多，职能安排不合理，对财会监督日常工作冲击较大，在面对一些临时安排的专项检查时，没有经费预算又没有获得经费的保障渠道，导致一些工作无法开展。组织制度不完善，导致部门间、单位间、层级间、不同监督体系间合作效率低下，各维度长期存在的问题导致财会监督工作成效不足。如果财会监督主体的组织架构、职权配置、关系协调、运行规则等方面出现问题，那么能力损耗就不可避免。因此，财会监督的组织制度体现着财会监督工作的定位、思路和模式，要想提高财会监督能力，实现财会监督主体作用最大限度的发挥，就需要明确组织的职能定位、权责关系，确保财会监督行为的合法性、科学性和正当性，建立规范、合理、有序的运行机制。

3）组织要素与资源要素的关系

财会监督组织要素与资源要素之间存在着密切的关系，二者相互作用，相互支持，共同构建了有效的财会监督机制。一是资源要素支撑组织要素。资源是支撑组织运转和发挥作用的基础，财会监督组织要能够充分配置和有效利用资源，才能实现监督职能的有效发挥。二是组织要素保障资源要素。财会监督主体应该通过健全的组织要素来合理配置和管理资源，确保资源的安全、有效使用，以保障监督工作的顺利进行。三是资源要素优化组织要素。资源要素的合理配置和有效利用是组织要素的重要内容之一，只有充分利用资源，提高资源利用效率，才能更好地支持财会监督组织实现监督目标。总之，财会监督组织要素与资源要素之间是相互依存、相互促进的关系。只有二者有机结合，充分发挥各自作用，相互支持、协同合作，才能构建起完善的财会监督机制，确保监督工作的有效性和高效性。

4）其他影响因素

制度主义监管理论认为，包含着价值观念、制度安排、文化传统等因素在内的"监管空间"，是制约监管行为过程的根本因素[①]。正如上文所述，由于缺乏宏观层面总体性政策制度的顶层设计，财会监督体系面临着一系列的发展困境，职能定位、职责界限、监督模式、监督策略等各个层面的问题日益凸显。法律法规是财会监督的基础，监督工作必须符合法律法规的规定和要求。法律法规的健全性、严格执行程度直接影响着财会监督的有效性。外部环境的政治、经济、社会因素也会对财会监督产生影响，比如政府政策的导向、市场经济的竞争压力等。监督人员的素质和能力直接影响监督工作的质量和效果。监督人员需要具备专业知识、职业操守、独立思考能力等。现代科技手段的运用对于财会监督至关重要，监督机构需要不断引进、采用先进的监督技术和工具，提高监督效率和质量。单位信息披露透明度直接关系到财会监督的难易程度，信息披露不充分、不真实会导致监督工作的困难和受阻。

通过上述分析可以看出，财会监督能力提升是多维度要素相互作用的结果，是一个复杂系统。其中，组织要素是财会监督体系高效运转的基本保障，资源要素是财会监督职能得以有效履行的关键，职能履行是财会监督能力的直接体现。与此同时，环境因素对财会监督能力的影响不容忽

113

---

① 　刘鹏.西方监管理论：文献综述和理论清理［J］.中国行政管理，2009（9）：11-15.

视。据此，本部分构建财会监督系统框架如图8-1所示。

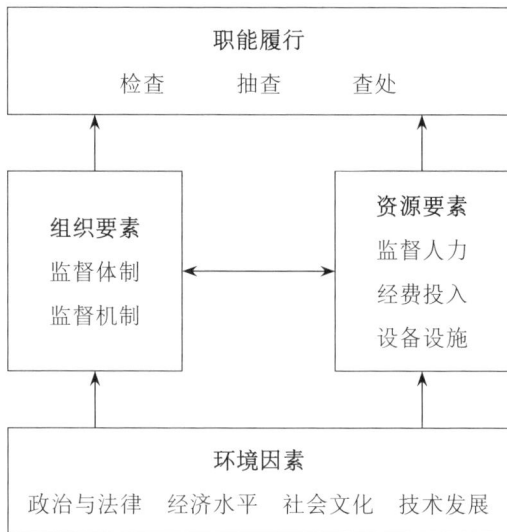

图8-1　财会监督系统分析框架

8.2.3　因果关系分析和系统流图的初步构建

系统动力学（System Dynamics）作为研究复杂系统的有效方法，以反馈控制理论为基础，以计算机仿真技术为手段，能有效结合定量和定性分析，研究复杂系统中信息反馈行为，从系统整体出发，在系统内部寻找和研究相关影响因素，在社会系统问题的研究中得到了较为广泛的应用①。因此，本书引入系统动力学方法研究财会监督能力提升问题，有利于从整体出发，分析财会监督能力要素的现状及要素间的反馈与互动。鉴于财会监督数据的可获得性等研究条件的限制，本书仅进行了因果关系分析，并初步构建了系统流图，以期待未来条件成熟时做进一步深入研究。

1）因果关系分析

财会监督能力建设涉及诸多方面，在保证系统尽量完善的基础上做到简洁明确，兼顾层级间的独立性和层级内的相关性，全面综合又不失重点地反映财会监督能力建设要素框架。从图8-1可以看出，本书将影响财会监督能力建设的主要因素概括为资源要素、组织要素、职能履行要素和环

---

① 钟永光，等．系统动力学前沿与应用［M］．北京：科学出版社，2016.

境要素。其中，职能履行要素主要包括检查、抽检、随机抽查、案件查处、投诉举报处理等。财会监督工作的开展基于监督对象的实际情况，财会监督的实际能力在履职过程中展现，主要表现在履职的数量和效果方面。以上四类要素作为系统动力学模型的主要变量共同影响财会监督能力的建设效能。

通过梳理分析财会监督能力建设系统中各关键影响要素的因果关系，借鉴以往学者的研究成果，在系统动力学模拟仿真软件 Vensim PLE 中建立系统因果关系图，如图 8-2 所示。

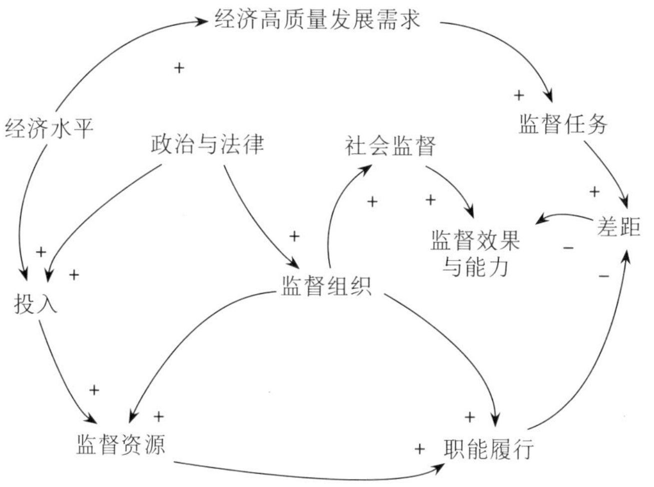

图8-2 财会监督能力建设系统因果关系图

2）系统流图的初步构建

系统仿真模型是现实复杂系统的简化替代，为保证系统研究的逻辑性和科学性，基于财会监督的特点，在模型建立时进行以下假设：一是将我国财会监督体系作为一个整体来研究；二是影响财会监督效果与能力的因素繁多，本研究只考虑文中所列因素，不考虑其他偶然因素及非共性因素所带来的影响。

财会监督是一个复杂且具有动态性变化的系统，为清晰地反映财会监督能力提升过程中的动态机制和反馈机制，本研究在因果分析的基础上，依据系统要素的实际作用情况，遵循系统动力学理论的基本原理，应用 Vensim PLE 软件构建财会监督效果与能力系统动力学流图，如图 8-3 所示。

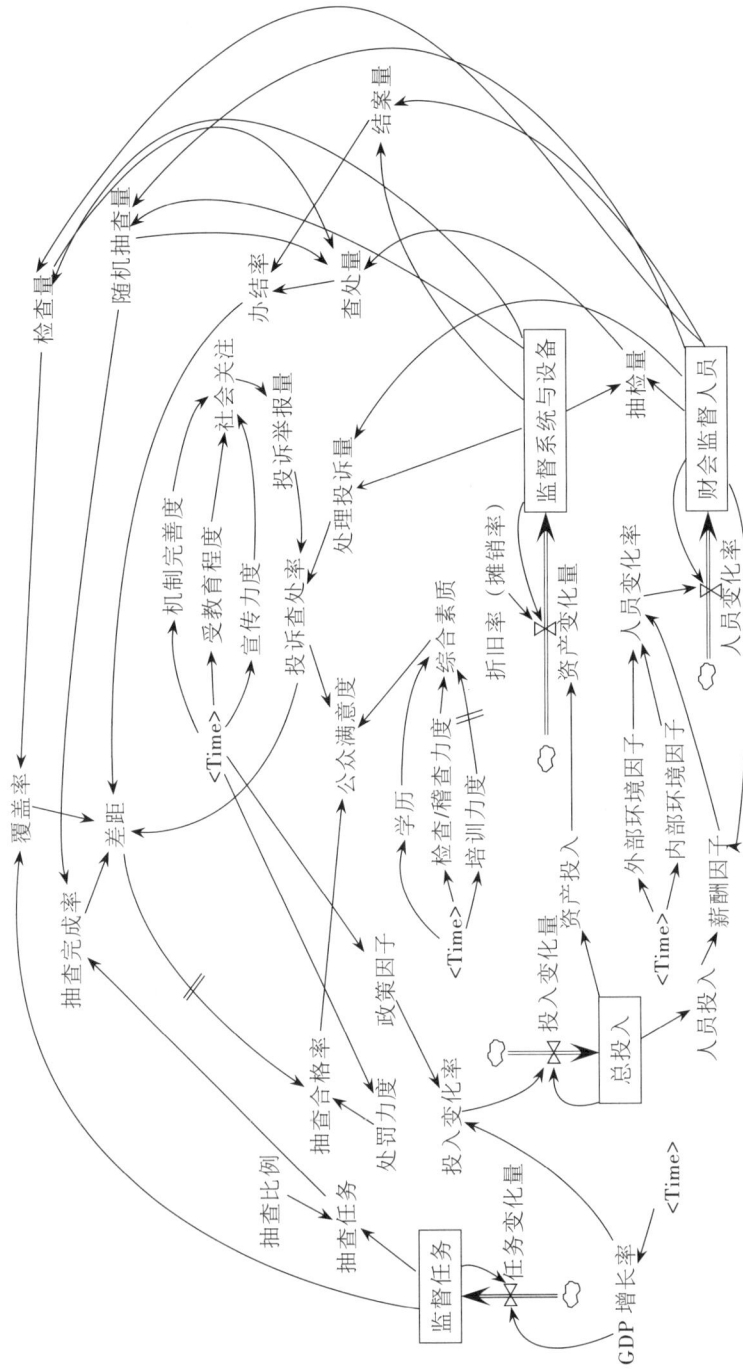

图 8-3　财会监督能力建设系统结构流

财会监督体系服务国家治理的路径优化与协同机制

9.1 ——国家治理视角下财会监督体系的路径优化——

9.1.1 财会监督体系优化的总体思路

根据前文所述，财会监督服务于国家治理的内在逻辑关系是"财会监督—提高会计信息质量—推动财经法规政策落实—提高国家治理能力"，所以，优化财会监督体系，切实发挥财会监督在党和国家监督体系对推进国家治理体系和治理能力现代化具有积极作用。

在国家治理视角下，从财会监督的基本特征和作用出发，明确优化财会监督体系的三个原则，即提高监督效率，降低监督成本；完善监督工作信息披露，提高信息透明度；建立协作贯通机制，优化监督资源配置。具体优化的内容包括财会监督主体由原来的"三位一体"即单位内部、政府和社会中介，拓展为新"三位一体"，即将原"以注册会计师为主体的社会监督"拓展为"利益相关者监督"；路径优化涉及完善财会监督制度、强化财会监督主体意识、构建财会监督信息平台；优化后的目标应该包括强化权力制约，体现财政部门重要支柱作用，推进国家治理体系和治理能力现代化。优化财会监督体系，为构建监督体系协同机制奠定扎实的基础。财会监督体系优化的总体思路如图9-1所示。

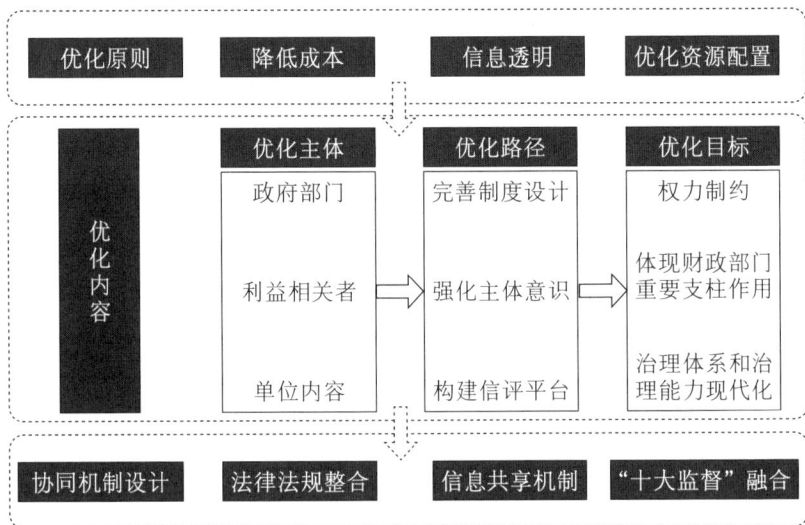

| 优化原则 | 降低成本 | 信息透明 | 优化资源配置 |

优化内容	优化主体	优化路径	优化目标
	政府部门	完善制度设计	权力制约
	利益相关者	强化主体意识	体现财政部门重要支柱作用
	单位内容	构建信评平台	治理体系和治理能力现代化

| 协同机制设计 | 法律法规整合 | 信息共享机制 | "十大监督"融合 |

图9-1　财会监督体系优化的总体思路

1）优化原则

（1）提高监督效率，降低监督成本

中国特色的监督组织结构，形成了人大、国家行政机关、新闻舆论等监督主体职能法定、相对独立、互相补充的监督方式，在预防和惩处腐败，促进经济健康有序发展和维护社会公平正义等方面，各类型监督主体发挥了积极作用。与此同时，现行监督体系也存在"随意、同一、封闭、分散"等缺陷，监督的效率、作用与国家治理体系和治理能力现代化的要求不符，也与广大群众的期望值有比较大的差距，监督的内在机制和长效机制建设还需要进一步探索。

从提高监督效率入手整合监督力量。提高监督效率，既要抓制度建设，更要抓监督检查。检查行为不规范、责任不明确，其结果常常失真、失实。把检查行为纳入制度建设的轨道，用规范、程序化的手段促进检查结果的公平、公正和真实。制度化、规范化、程序化的监督检查行为，可以在权力运行过程中预防和惩治腐败，能够提高行政效率。

从整合监督力量的角度看，利用信息技术等方式将监督检查的结果共享共用，从而节约监督成本，提高监督效率。不同的监督主体在法定的职权范围内，有相对独立、互不干涉的监督检查范围、手段和措施，而且必然形成某种监督检查的结果。但因为缺少共享机制、管理权限等原因，各种监督类型的检查结果常常处于"分散、封闭、零散"状态，监督成本重复投入，监督效率低下。因此，应该积极探索各种类型监督的转换、协调机制，打破"时间、地域、工作种类、监督层级"的界限。

总之，监督是一种规范权力行为的政府资源，也是一种需要支付成本的政府管理行为。在创新监督方式，充分利用、整合现有监督资源的同时，尽可能地节约监督成本，提高监督效率，努力形成大监督格局。

（2）完善监督工作信息披露，提高信息透明度

阳光是最好的防腐剂。信息披露本身就是一种行之有效的监督方式。这里涉及的"信息"有两类。

一类是监督内容形成的信息，这是最基本的。任何监督活动的开展，都依赖一定的信息。例如，财会监督活动离不开财会监督的内容，即财会信息。这类信息披露在各专业监督领域内均会有详细论述和研究，在此不讨论这类问题。

另一类是各种类型监督行为的信息，本质上是对监督主体的再监督。我们经常在媒体上听到的"阳光政府""阳光纪检"等，实质上讲的就是这类问题。在此，我们主要探讨这类问题。

按照孟德斯鸠的学说，监督权并没有纳入"不腐败"的范畴。事实证明，监督权存在腐败现象。因此，必须通过制度设计把监督权纳入监督范围，对各类型的监督主体实施再监督。用制度规范监督行为的实施主体、过程、要求和责任，使监督检查行为制度化、规范化、程序化，保证检查结果的真实、公平、公正。但因为缺乏监督工作的信息披露，有时会导致监督行为流于形式、走过场。检查过程中发现的违规现象，一旦得不到及时有效的处理和控制，就有可能"膨胀"成为腐败现象。

总之，监督者更要接受监督，任何类型的监督主体绝非"天然保险箱"，在不违反相关法律法规的前提下，完善监督工作信息披露，有利于

进一步提升监督工作的透明度，畅通接受外部监督的渠道，强化自身作风建设，形成监督合力。通过媒介公示、公告，接受群众的再监督，保证监督始终代表、维护最广大群众的根本利益。

（3）建立协作贯通机制，优化监督资源配置

目前包括财会监督在内的监督检查工作中存在力量分散、衔接不畅、相互推诿、监督资源条块分割且难以共享等突出问题。在不能、不宜改变现行监督的组织结构和法定职能的情况下，要通过建立并不断完善监督检查协作机制，加强对监督检查力量的统筹调度，实现力量集中、上下贯通，确保各项监督检查工作统筹推进、协同开展。

党和国家监督体系是国家治理体系的重要组成部分。面对十大监督体系和日益复杂的监督环境，我们应当着力构建各种类型监督贯通融合、协调协同"一盘棋"工作格局。为此，需要建立监督资源分配优化机制，合理分配线索收集、谈话函询、现场检查、资料归档等工作占比，提高监督检查的工作效率，使各类型监督工作有重点、无盲点，从而做到事半功倍。

例如，在不涉及机构改革的前提下，可建立"大监督"联席会议制度，由纪委召集，纪检监察、财会、审计、统计等部门负责人参加，通过定期交流监管工作动态，研究工作中遇到的问题。这样既能实现监督信息共享，又可以避免因监督人员政策理解、专业能力、认识角度等方面的差异带来对监督事项判断上的偏差。根据监管工作的重要性、复杂性和工作量大小，可以组织联合监督小组，共同开展工作，发挥各自监督特长，整合监督资源，提高监督效能。

2）实施主体

（1）新"三位一体"①是最基础的

财会监督的主体，既可是专业监督，如会计专业人员对会计活动等所进行的监督，财务专业人员对财务活动等所进行的监督；也可是非专业监督，如政府监管部门的财会监督，利益相关者的财会监督，职工群众财会监督，社会公众财会监督等。

---

① 与旧"三位一体"不同的是，新"三位一体"将原"以注册会计师为主体的社会监督"拓展为"利益相关者监督"。

财会监督的主体以专业监督人员为主，同时也应当重视非专业监督人员的积极作用，如职工群众、社会公众等。因此，国家治理视角下，财会监督中构建的新"三位一体"就是财会监督中最主要的监督主体，即政府监督、利益相关者监督以及单位内部的监督。

（2）其他类型的监督主体为补充

财会监督属于经济领域的监督。党和国家的十大监督体系中，涉及经济监督的还有审计监督和统计监督等。财会监督与审计监督、统计监督等共同构成国家经济监督体系的重要组成部分。审计监督与财会监督虽然监督目标不同，但是两者在监督手段和方式上具有一定的相通性，所以审计监督可以作为财会监督的有力补充。

人大监督的方式包括审查和批准计划和预算、审查规范性文件、对法律的实施情况进行检查等。前者与财会监督的内容有交叉，后两者则与财会法律法规有关，所以，人大监督也是财会监督的一种补充。

舆论媒体监督由于涉及人员众多，行业信息广泛，有职业敏感等优势，甚至有时候能为欺诈行为提供重要线索和证据。同时，我们也应注意到，群众和媒体都不是财会专业人员，所以群众监督和舆论监督的作用要辩证看待。

在经济诉讼案件中，有时候也会涉及财会信息鉴定、财会相关工作人员和中介机构，此时，司法监督与财会监督存在一定的交叉，在一定程度上也是一种财会监督力量。

在推进国家治理体系和治理能力现代化的进程中，应不断优化财会监督体系，明确不同监督主体的职责，贯通协调，降低财会监督成本，提高财会监督效率，为国家治理现代化建设做出积极的贡献，具体如图9-2所示。

3）实施目标

在社会主义市场经济条件下，经济越发展，会计越重要，因此，财会监督在经济监督及整个国家监督体系中也越来越重要。习近平总书记在重要讲话中，对国家监督治理体系、财会监督工作寄予了厚望，中央主要领导也多次对财会监督工作做出了重要批示。财会监督获得了新的政治定

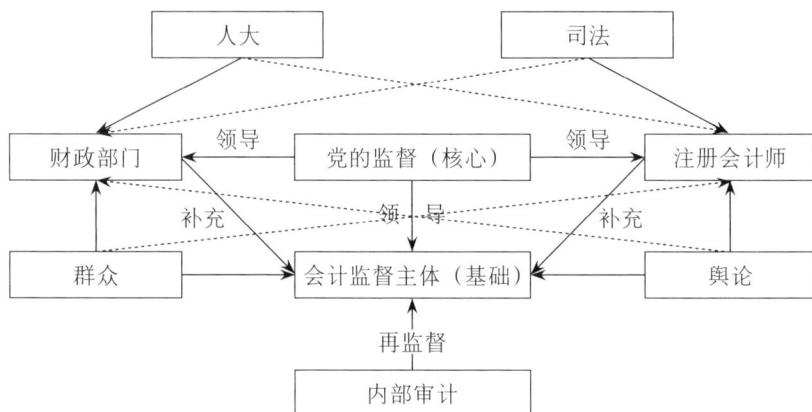

图9-2　财会监督各主体有机结合

位，被党和国家赋予了新的使命，这对财会监督工作具有里程碑意义。基于国家治理的视角，强化财经纪律约束，优化财会监督体系，应当拓展和升华财会监督的目标。

（1）贯彻落实中央宏观调控政策，积极促进国民经济持续健康发展

随着市场经济的不断深入发展，我国改革开放会越来越深入，中央采取各种宏观调控政策推动国内国际双循环的发展新格局，需要财会监督工作发挥其职责，为新形势、新时代的经济持续发展打造公平、良好的经济秩序。

（2）在规范财会行为的基础上，有力维护国家财政经济秩序

经过多年治理，当前财经秩序得到极大改善，但财经领域内的新问题、新风险还会层出不穷，甚至可能出现局部金融风险等重大问题。加强财会监督职能，继续发挥财会监督作用，使其成为保障经济持续发展的重要力量，能够达到纠正财会违法行为，维护国家财经秩序的目的。

（3）支持财政深化改革，助推公共财政的建立健全

伴随着市场经济的发展，不断深化改革，建立和完善公共财政体系将是未来的发展方向。财会监督将始终围绕财政中心工作，不断加大对社会热点、难点问题的监管力度；从而满足社会公共需要，维护公共利益，推动公共财政体系的建立健全。

4）保障机制

（1）必须加强党对财会监督工作的领导

纵观历史，财权是人类社会的重要权力之一。古往今来，任何组织包括党政团体的生存和持续发展都离不开财力的大力支持。中国共产党在团结并带领全国人民推进中华民族伟大复兴历史伟业，实现全面建成社会主义现代化强国的第二个百年奋斗目标的进程中，更是离不开强大的财力支持。如何保证财政活动、财务活动和会计活动的合理合法、真实可靠，有限的财力如何最大限度地发挥其经济效益，如何防范资金挪用、浪费、贪污舞弊等风险等，这些都离不开强有力的监督。

监督力量是多元化的，如行政监督、司法监督、经济监督等。财会监督属于经济监督的范畴。中国共产党领导下的中国特色社会主义财会监督是党和国家监督体系的重要组成部分，是推进国家治理体系和治理能力现代化的重要抓手。历史雄辩地证明，坚持和完善党的领导，国家就会富强稳定，人民就会幸福安康。财会监督工作也必须加强党的领导，在党的领导下依法实施注册会计师行业和资产评估行业监管，是社会主义财会监督工作的最大特色和最显著优势。

（2）面向国家治理现代化，建立健全财会监督制度体系

以深入贯彻落实党的十九大，党的十九届二中、三中、四中全会和党的十九届中央纪委四次全会精神为契机，提高政治站位，充分认识全面强化实施财会监督的重要性和紧迫性，切实转变"重监管、轻服务"的观念，拓展财会监督功能，推进国家治理体系的科学化、现代化。

财会监督的发展应当着眼于提高国家治理能力水平，必须以健全的制度体系为前提。针对我国现行财会监督法律法规立法层次不高导致约束力不强，零星分散导致缺乏系统性和全面性，并且存在盲区和争议点等问题，需要面向国家治理现代化，结合财会监督新定位，体现"严监督、强管理、重服务"的新型财会监督方式，在充分考虑中国国情的基础上，统筹财会监督制度的顶层设计，建立健全多层次全方位的财会监督体系。

一方面，《预算法》《会计法》《注册会计师法》等在未来将会继续修订和完善，从而更具科学性、前瞻性和系统性；财会监督工作依法行政的

法律层级需要提高，财会监督的权威性有待强化，建议未来出台内容具体、界定清晰的《财会监督法》或《财会监督管理条例》；财会监督违法处罚的力度也需要逐渐加大，建议制定与经济水平相适应的财产法，扩增部分行为处罚方面的条款。

另一方面，未来还需要明确财会监督的具体范畴，突出财会监督在其职责内的行政执法主导地位；健全财会监督检查工作办法，规范各类监督检查程序和要求、统一处理处罚尺度（包括细化裁量权尺度）和建立全国财会监督信息平台等；制定财会监督问责机制，通过对监督工作的问责、奖惩考评和交流任用等具体办法，实现用制度管人，用奖惩办法促进工作积极性。

（3）让财会监督插上新兴科技的翅膀

随着信息技术的日新月异，财会监督要重视新兴技术的应用。从技术角度看，我们还没有建立起较为完善的财会监督信息网络。一是财会监督信息共享机制还有待建立健全。由于缺乏财会监督信息化和规范的信息传递程序，导致财会监督信息共享程度低，各监督主体（不限于财会监督主体）之间缺乏沟通和协调机制，信息不对称就会产生监督盲区和重复监督等问题。二是财会监督信息网络不完善也会影响到监督效率效果。任务繁重的手工检查需要耗费大量的人力物力，不仅监督效率低下，而且容易出现错误，甚至为寻租埋下了隐患，提高了财会监督主体的监督风险。

新时代下财会监督要善于运用信息技术手段。近年来，移动互联网、云计算和人工智能技术等新一代信息技术已经逐渐走进生活的方方面面，各行各业都开始重视并逐步实现信息化。在财会监督的各个层级各个环节，都可以考虑融入信息技术，从而达到改善监督效率效果的目的。下文以区块链技术为例，说明信息技术对于财会监督的价值所在。

作为一种新兴的技术，区块链不需要第三方介入便具有透明性、灵活性和不可改变性等特点。它采用加密技术来确保透明性，拥有适当密钥的人员都可以查看数据；通过将分类账分发到网络上的每台计算机，具有一定的灵活性；不可改变性则是通过哈希算法实现的。区块链技术可以被运用于财会监督领域，其具有的去中心化、不可篡改、可追溯性、安全性等特点有助于提高财会监督工作的效率效果，促使外部监督主体之间实现信息共享，提高外部协同效率。

从内部财会监督来看，区块链技术的应用有助于内部控制制度的实施，可以达到提高会计信息披露质量的目的，还可以实现信息逆向追溯。区块链是一本可追溯的分布式账本，每一笔交易都会被所有参与者记录，而且都需要所有参与者交叉验证。交易记录一旦通过验证就不能再修改，从而保证了交易记录的真实可靠。区块链采用哈希加密算法和时间戳技术，可以实现逆向追溯，对于财会活动中的不法行为也能有效遏制。

从外部财会监督来看，区块链技术的应用有助于"十大监督"各监督主体协同配合，完善监督信息共享平台，降低信息不对称，有效避免重复监督和监督空白以达到增加监督效率效果的目的。各类型的监督主体应用区块链技术后，还能够提高监督的透明度，比如向公众展示监督过程与监督结果。以往的监督实践通常只展示监督结果，导致一些社会公众对监督结果存疑。区块链技术在监督领域的运用可以提高政府的公信力，增加公众舆论监督的积极性，实现全民监督的设想，有利于进一步提高财会监督工作的效率效果。

9.1.2　财政部门财会监督的路径优化

财会监督要按照其法定职责，全面展开各类监管工作，纠正各类财会违法行为，维护国家财经秩序，做到依法监督，守土有责。同时，财会监督还要围绕财政中心工作聚焦的重点方向和内容，有侧重地进行重点监管。

1）强化对预算资金的监管

预算收支管理是财政重点工作之一，对此进行监管尤为重要。一是严格执行部门预算资金监管。部门预算包括行政事业经费、基建支出、社会保障、补贴支出等，涉及面广、资金量大。加强对部门预算资金的监督，强化执行透明度，既能杜绝虚报费用等问题，维护资金安全，也符合预算公开要求，能保证预算编制的公共性、科学性和合理性。二是加强预算执行过程监督。重点关注预算资金在执行过程中是否存在截留、滞拨、挪用，甚至私吞等违法违纪行为，提高预算执行率、到位率。三是强化预算资金国库集中收付监督。重点监督国库单一账户体系建设、收支审核是否严格规范、支付风险防范措施是否完备等；重点监督国库支付执行机构的内控制度是否健全，防止违规申报和资金流失等问题；重点监督财政授权支付时，授权单位是否依法依规执行，防止越权支付等问题发生。

2）加强重大财税政策执行情况监督

确保重大财税政策执行和落实到位，是财政收入的重要保障。因此，加强对重大财税政策执行情况的监督是保证国家财政运行的需要。一是加强对财税政策执行情况的全面深入监督，确保财税政策的严肃性；二是加强对预算收入征管部门的监督，查补收入征管中的漏洞；三是加强对财税政策执行的调研和分析，提出有针对性的建议，及时进行反馈，为重大政策的执行和调整，做好评判和参谋。

3）深入开展绩效评价监督

在确保资金合规的基础上，健全绩效监督体系，运用科学的监督标准和分析方法，重点对财政支出进行客观、公正的评价，提高财政资金分配和使用的绩效。一是采取循序渐进和重点推进的方式开展绩效监督；二是进一步完善绩效监督法治建设和机构队伍建设，提高绩效监督实力；三是进一步健全绩效评价指标和监督标准体系，确保评价科学、公正；四是促进绩效监督成果利用，发挥监督效能。

4）强化会计监督中会计信息质量和中介机构执业质量的监管

（1）积极构建财政部门与行业协会对中介机构联合监管的共享机制，协同发力

回顾以前的监督实践，对会计师事务所和资产评估机构等中介机构的监督也主要是由财政部监督评价局、中国注册会计师协会、中国资产评估协会分别开展行政监管和自律检查。财政部门和行业协会虽然也在一定程度上开展了监管协同工作，如避免在同一年内对同一机构进行重复检查，但客观上仍然存在很多问题，如检查密度较高、周期较长、标准不统一。针对存在的监督资源浪费和监督效率低下等问题，财政部门和行业协会应当积极构建对中介机构联合监管的共享协同机制，包括明确分工和合作机制、检查方案相

互配合机制、监督工作信息共享机制、检查结论共享机制。通过整合行政监管和行业检查力量，建立财政部门和行业协会之间的工作共享协调机制，明晰职责、再造合作流程，提升对中介机构的监管效率和效果。

（2）年度检查与日常监督相结合，加大惩处力度，提高中介机构执业质量

财政部门和行业协会应当按照"五统一原则"，即统一检查计划、统一组织实施、统一规范程序、统一处理处罚，统一发布公告，开展年度执业质量联合检查。在此基础上，依据各自不同职能，分工协作，发挥各自的优势和所长，建立起完善和有效的日常监管机制。

日常监督要善于利用信息技术手段提升监督能力，综合运用各种监督方法，做到"点面结合"，实现"面上监管"常态化。善于运用风险导向理念，在风险识别的过程中，发现相关问题或线索，进而确定监督重点，制订有针对性的检查方案。针对高风险行业、领域、业务等，对会计师事务所和资产评估机构等相关中介机构进行约谈、发布风险提示公告等以加强对中介机构的日常提醒。财政部门和行业协会可以联合组织中介机构对财会监督工作中发现的共性问题开展自查自纠，必要时可以由行业协会开展专项自律检查。坚持"寓监管于服务"的宗旨，对财会监督中发现的问题中介要实施"回头看"和整改帮扶，对行业存在的突出问题要大力整治，惩前毖后，督促会计评估中介机构切实提高执业质量。

对检查发现的问题进行联合审理，财政部门和行业协会应切实履行对会计师事务所和资产评估机构的监管职能，加大对中介机构违规提供报告行为的惩处力度，切实提高会计师事务所和资产评估机构的执业质量，真正发挥中介机构外部监督的第一道防线作用。联合监管需要完善信息披露制度，如财政部门和行业协会分别做出的行政处罚和行业自律惩戒，应当对外公开发布；再如对联合监管中发现的典型案例予以曝光，震慑违法行为。

（3）加强协同治理，形成财政部门与行业协会联合监管为主体，多方协作的监管新方式

一是结合十大监督体系建设，整合政府内部力量，积极构建"大监督"共享机制。例如，实行失信名单制度，将严重违法和屡查屡犯的中介机构和中介工作人员列入失信名单，并与其他监督部门如行政部门、司法

127

部门、审计部门共享。

二是结合社会信用体系建设，深化行业监管一体化管理信息平台的建设与推广应用，实现财政部门执法检查系统与行业管理信息系统数据共享，并接入互联网监管平台，推行监管信息资源共享共用，形成大数据财会监督格局，进行大数据风险预警。

三是结合国家治理主体多元化的要求，充分利用外部资源，积极推动公众参与。例如，根据"双随机、一公开"的要求，在财政部门行业管理系统中随机抽取被检查对象。同时将互联网监管平台提供的监管名单、涉及投诉举报和行业自律惩戒的机构作为重点检查对象。检查前，财政部门将检查名单在财政部门、行业协会网站上进行公示；检查后，将处理处罚结果在行业监管一体化管理信息系统等相关平台和网站公示，接受社会各界的监督。

9.1.3　中介机构财会监督的路径优化

1）完善监督管理机制，加大监督力度

作为执行财会监督工作的主体，针对各机构纷纷反映的低价竞争、监管不平衡、监管重点偏差以及审计独立性问题应予以高度重视，归根结底是目前的监督管理机制有待进一步完善。比如针对低价竞争的问题，倡导市场化报价、有序竞争的同时，应尽快出台最新审计收费标准，明确恶性竞争价格底线，一旦触犯可通过平台进行举报并给予相应处罚，监督各单位在招标文件的报价章节中明确要求审计机构列明项目人员、天数、工作量、计费标准等进行合理报价，避免牺牲业务质量的低价竞争；针对监管不平衡问题，应在日常加大对地方小所的监督力度，采用"同一把尺子"衡量优劣，不断强化风险和独立性意识，督促他们重视及改善内部管理和质量问题；针对监管重点偏差问题，审计工作质量包含业务质量和社会质量。业务质量是指审计活动本身所具备的规范性特征，社会质量是指审计工作对社会的影响程度或作用程度。财务报告作为信息披露工具，核心在于为利益相关者提供决策有用的信息，监管部门在量化处罚程度时，对中介机构的处罚应当从对财务报表使用者影响的角度出发，不应只针对机械化的审计程序是否全部执行到位，监管过程中应有抓有放，有的放矢，注重实质影响程度。总之，监督管理机制由方针、制度、措施等一系列有机部分构成，随着新形势对财会监督力度的要求提高，监管主体应顺应时势，不断调研，针对问题持续完善工作机制，规范和促进中介机构行业良性发展。

2）加强信息化建设，提高审计质量及会计信息透明度

按照审计信息化的基本要求，信息化应该能使所有的数据分析都在信息系统中完成，会计师所要做的只是职业判断，而不需要埋头于各种数据分析的基础工作，甚至在大数据、云计算、人工智能等技术发展的情况下，一些职业判断都能由信息系统完成。面对如此庞大的数据处理分析系统，国内会计师事务所本身可能不具备审计信息化建设比如研究"审计云"的技术及资金实力，信息化建设的主导力量应该是政府，并加强信息化成果的推广。但是，中介机构自身应当加大信息化方面比如数据库等的投入力度，提高信息化意识，将繁复机械性工作交由日益成熟的财务机器人来做，从而将审计人员从简单重复的工作中抽离出来，这样不仅可以提高审计质量，提高会计信息透明度，也有利于执业环境的改善和审计团队的稳定。在推进信息化建设时要加强信息化建设顶层设计，夯实信息化建设基础，也需要社会力量共同参与，从而加快推进行业信息化建设，切实助力我国改革开放和财政事业稳步发展。

3）创新培养机制，加强信息化审计人才培养

随着信息技术渗透到各个行业和业务职能领域，审计工作越来越表现出综合性、系统性、复杂性的时代特征。传统审计面临着"打不开账、进不了门和审不了数"的困境，会计师事务所、专业咨询公司等业务已不再局限于财务会计的审查，已将管理咨询和服务的重点转移到控制风险，尤其是控制计算机环境风险和信息系统运行风险，所以对熟练掌握信息技术的审计人才的需求越来越大。所以，作为社会财会监督力量的会计师事务所，应该提高审计信息化意识，努力利用各类信息化平台、大数据和云计算来提升审计能力，创新人才培养模式，以满足市场越来越高的审计需求，也是将大数据思维融入审计业务和拓展 ERP 咨询等的内在业务要求。

9.1.4 单位内部财会监督的路径优化

1）范围和内容：财会监督的范围要体现业财融合

随着现代信息技术的发展，财会监督的范围已从传统的针对事后会计信息的监督逐渐延伸至业务领域，即呈业财融合的趋势，特别是一些单位在建立财务共享服务中心之后，财会人员越来越多地参与经济业务活动。由于财会监督是在财会核算的基础上进行的，在信息技术迅猛发展的环境下，随着会计核算与业务联系越来越紧密，财务业务一体化必然要求财会监督范围不再局限于财会反映的结果，而是与业财融合一样，将监督的触角延伸至业务领域。

2）监督理念：财会监督关口前移

从监督时点上看，以往的财会监督偏重集中性和非连续性的事后监督，轻事前、事中监督。在一定程度上，这种事后的财会监督方式不能有效防范腐败行为。党的十九届四中全会提出构建一体推进不敢腐、不能腐、不想腐体制机制的思想，其中"不能腐"是关键。只有强化监督制约、扎紧制度笼子，才能让腐败者无机可乘。借鉴内部控制思想和以往研究成果，笔者认为，新时代下的财会监督要积极转变监督理念，由"检查型"监督逐步向"管理型"和"服务型"监督转变，由"纠错型"监督逐步向"预防型"监督转变。在此基础上，建立以内部控制为导向的财会监督模式，将内部控制理念贯穿于财会监督的每个层面、每个阶段甚至每个环节，不仅仅是关注事后监督，还要将事前防范、事中控制、事后监督和纠正相结合，对资金运动的全过程进行监督，尤其是要注重事前、事中管理，从源头上和过程中防范资金风险，提高资金效益。

比如，行政单位以内部控制思维加强对财政支出资金的监督就是财会监督关口前移的最好例证。具体来说，即在预算管理领域引入内部控制制度，将内部控制制度嵌入到预算的整个过程中，在此基础上构建以内部控制为导向的财政支出资金监督模式（如图9-3所示）。该模式以预算管理为主线，以资金管控为核心，通过单位业务与相应财务工作的衔接，以及管理规则和要求的统一与明确，实现财务业务一体化，同时将预算管理责任和目标落实到单位内部各部门的具体项目和责任人，形成有效的责任传递机制，真正实现财权与事权的合理匹配，进而实现内部资源的合理配置。

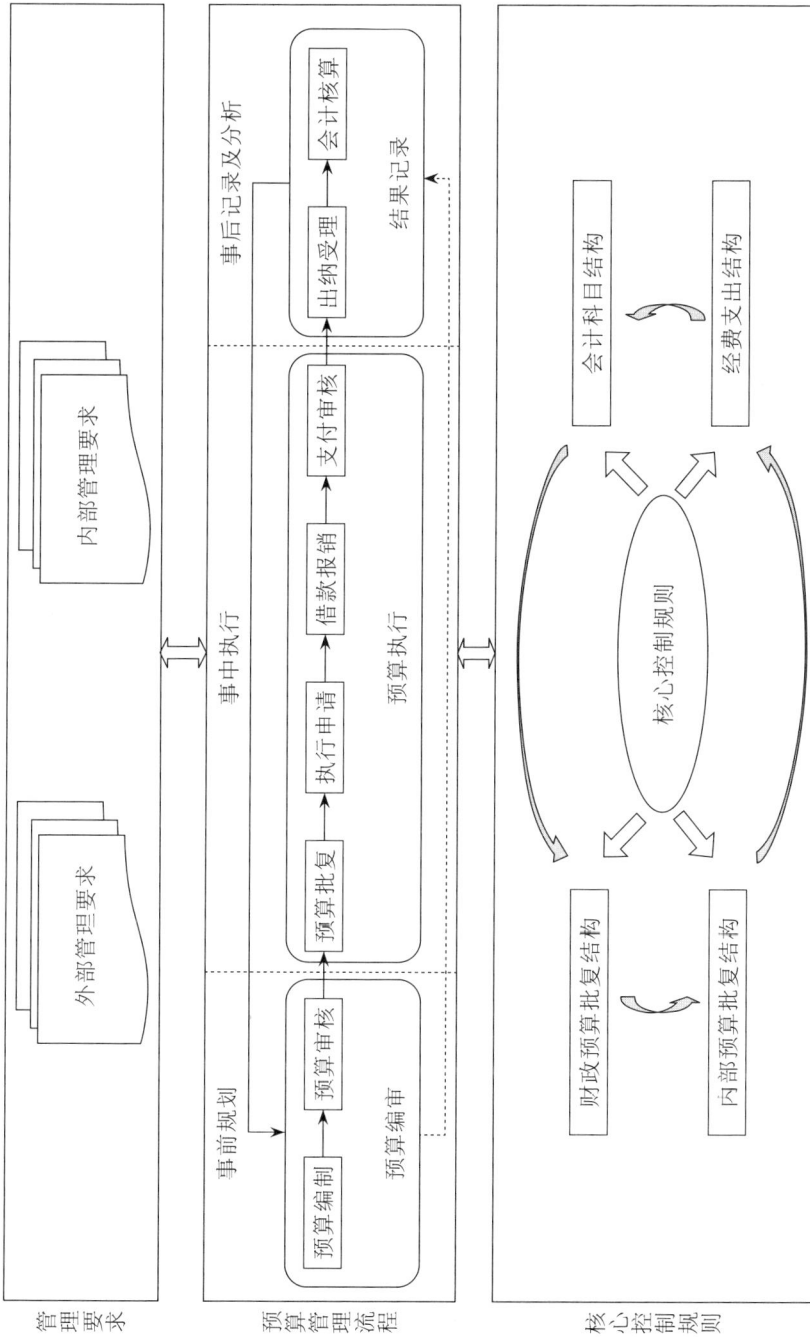

图9-3　以内部控制为导向的财政支出资金监督模式

3）监督手段：财会监督智能化

从技术角度看，以往的财会监督还没有建立覆盖全面、反馈及时、反映真实的财会监督信息网络。一方面，由于财会监督信息化比较薄弱，导致信息不对称，管理职能主体与财会监督主体之间缺乏沟通、协调和制约机制，同时由于缺乏规范的信息传递程序，财会监管信息共享程度较低；另一方面，信息化的欠缺导致财会监督效率低下，大量的人力、物力、财力投入到任务繁重的手工检查中，为寻租和错误埋下隐患，使监督主体面临较大的监督风险。

近年来，移动互联网、云计算和区块链等新一代信息技术扑面而来，正深刻影响着各行各业的发展，改变着人们的生活。新时代下财会监督要善于运用信息技术手段，在财会监督的每个层面、每个阶段甚至每个环节，运用信息技术来改善监督效率效果。比如，区块链作为一种新兴的信息技术，不需要第三方介入便具有去中心化、不可篡改、可追溯性、安全性等特点，运用于财会监督可取得以下效果：在内部监督方面，运用区块链技术有助于内部控制制度的实施，提高会计信息披露质量，而采用哈希加密算法和时间戳技术可实现信息逆向追溯，能够有效遏制不法行为的发生；在外部监督方面，运用区块链技术将有助于财会监督与其他监督协同工作，实现信息共享，避免重复监督或出现监督空白。此外，政府各监督主体运用区块链技术后，还可以将监督过程记录下来并向公众展示，一改以往政府各监督主体只公布监督结果的做法，此举不但有利于提高社会公众对政府的信任度，还能够加强舆论监督，实现全民监督，进一步提高政府部门监督工作的效果。

9.2 ——国家治理视角下财会监督体系的协同机制——

新时代下的财会监督要求各监督主体要"有机贯通、相互协调"。当前十大监督还没有形成一个共享的协调机制，各监督主体各自为政，比较孤立。比如：制订的检查方案不能相互配合，使得对同一事项的多重监管和缺位监管时有发生；在监督过程中，各监督主体之间缺乏明确分工和有效合作，呈现相互孤立状态，造成不必要的人力、财力和时间的浪费；监督工作信息和检查结论无法实现共享，不能相互借鉴，降低了监督效率，也无法形成制约合力。为此，在新时代国家治理视角下，我们要主动构建一个"大监督"的共享体系，即分工、合作、交流、协调、互补，要求财会监督与其他监督紧密联系，在各级党委统一领导下，与人大、政协、纪检监察、司法、审计、统计等部门建立健全定期交流情况、听取意见建议和问题线索移送等具体工作机制和工作程序，做到信息共享，相互支持，相互配合。

9.2.1　何谓协同

1）协同的基本概念

"协同"一词来自古希腊语，指协调两个或者两个以上的不同资源或者个体，协同一致地完成某一目标的过程或能力。[①]协同的定义，如同《说文》提到的"协，众之同和也。同，合会也"，这意味着协同应协调多方面的资源或个体以达成共识和共同的目标。协同不仅仅是人与人之间的协作，还包括不同应用系统、数据资源、终端设备、应用场景以及人与机器之间的互动。这种全方位的能力使得协同能够在不同的领域和环境中发挥重要作用，如提高效率、促进创新和社会的发展。

协同还涉及主动与被动之间的相互作用，这是由康德的范畴表中关于关系范畴的理论所支持的。在协同的过程中，各个参与方通过相互间的协作和配合，形成一个更大的合力，从而实现整体的提升和发展。

此外，协同也可以理解为一种团结统一的状态，体现在内部和外部的紧密结合上。它还可以被解释为协助、会同或互相配合的行为。

综上所述，协同是一种广泛应用的跨学科概念，涉及多方资源的整合和优化配置，以达到共同的目标和提升整体的效益。

2）协同五要素

无论是何种类型的团队、个人或资源，也无论是何种方式的工作场

133

---

① 许映童，陈国光. 光伏，迈入AI时代［EB/OL］.［2024-02-19］. https：//paper.people. com.cn/zgnyb/html/2020-05/04/content_1985494.htm.

景，协同的内容，归根结底都是由基本要素组成的。这些要素及其构成方式，决定着协同的内容与形式。概括起来，协同要素包括以下5个方面，如图9-4所示。

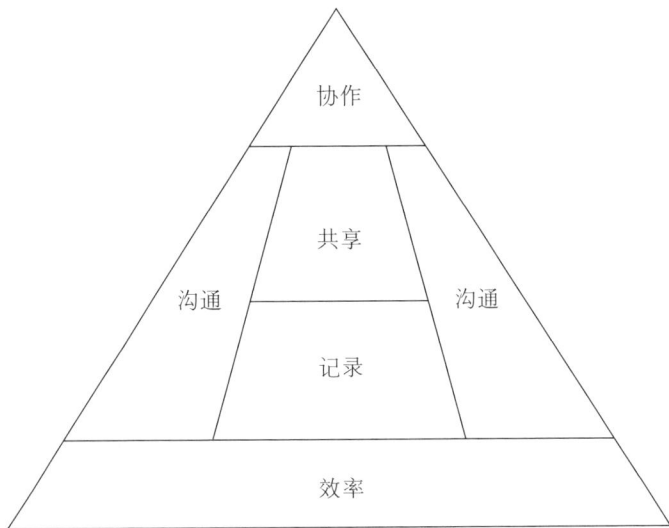

图9-4 协同五要素

（1）效率。效率始终是协同最重要的基础，效率的提高，是各种类型团队最重要的追求目标，也是体现一个高执行力团队的基础指标。

（2）沟通。有人就有沟通，沟通的通道、方式和历史记录，是团队成员间，交换意见、想法和建议的媒介。团队的沟通，不仅仅局限于口传心授，在信息化异常迅猛发展的今天，我们需要解决其他方式的沟通体验，尤其是对团队各成员之间的交流，更是如此。

（3）分享。在开放的团队，打造一个资源中心池，是非常有价值的事情，所有人都知道如何将自己的东西，便捷地分享给团队中的其他人。在各种云存储满天飞的今天，分享更加成为团队的开放性指标。

（4）记录。记录会形成团队自然的知识库，以结构化的数据为组织单元记录，更是团队知识财产的保证。团队不用担心，因为个别成员的离职，而带来团队知识财产的断裂。

（5）协作。一组人的事情，常常需要以一定的可度量、可监控方式来告知团队所有人，大家贡献如何，事情处在什么样的状态？因此，可度量和可监控，是团队协作追求的价值优化。

9.2.2　党和国家监督体系贯通协同的必要机制

党和国家监督十大体系各自怎么展开，怎么进行的，虽然在一些具体细节上不一定完全一样，但从大的方面来讲，基本相同。它们一般都要经历相互联系，前后相继的三个环节，这三个环节也可以看作是党和国家监督体系贯通协同的必要机制，主要包括三个要素。

1）信息的获取和传递

这是指党和国家监督主体能够通过各种渠道了解监督客体的相关信息资料，并且能够共享监督信息。这就要求监督客体披露相关的信息，确保相关信息的公开性和透明度。公开性和透明度是监督客体受到有效监督的前提条件，是党和国家监督机制的一个重要环节。

英国学者杰夫里·维斯克斯指出："监督并不意味着实现A对B的权力……理想的监督不是以权力作为媒介，而是以信息作为媒介。"信息的获取与传递，是整个监督活动的起点；信息获取的数量和质量，直接决定着监督的质量与效果。任何形式的监督的实现首先都要求有一套信息获取的渠道，并保证这些信息能够传达到相关部门或在一定范围公开，否则监督就难以展开。

从监督的角度来说，信息的取得，是指监督主体对监督客体相关行为的了解、掌握。如财政部门对行政事业单位财政支出的了解、掌握等。信息的取得，一方面有赖于各单位自觉地公开信息；另一方面要依靠公民的表达自由和新闻自由。单位公开信息，是单位自觉接受监督的重要表现，也是公民获取信息的第一渠道；公民的表达自由和新闻自由，是公民对监督客体的行为发表评论和传递信息以及披露监督客体不愿或不敢公开的信息的重要渠道。只有这两个方面相互结合，才能有效地保证信息渠道的畅通。

2）建议的提出和要求

当监督主体获取信息后，需要对所获取的信息进行分析、甄别、判断，若发现被监督主体有违法违规行使权力或越权滥用权力的行为时，有权力也有责任提出纠正、改正的建议和要求，或者撤销、取消已经实施的行为或将要实施的行为。这是监督主体获取信息后实施的主要监控行为，也是整个监督活动的核心。

建议的提出，一般包括三个前后相继的工作程序：核查证据，认定事实；进行分析，作出判断；提出建议，明确要求。

一是核查证据，认定事实。这是在全面掌握信息资料的基础上，对信息的真伪性进行核查、认定，以保证所掌握的信息是具有充分证据的客观事实。监督信息所反映的一切事实，都应该有充分的证据加以证明。这是保证监督工作准确性和有效性的重要环节。

二是进行分析，作出判断。这是指监督主体以已经认定的事实为依据，以相关行为规范为准绳，对监督客体的行为进行具体分析，并作出合规性或合法性判断。这是关系到监督主体所提出的监督建议是否成立的关键工作，也是决定监督质量和有效性的重要环节。在这一过程中所适用的行为规范，依不同的监督事实和具体情况而定。通常有法律规范、纪律规范和道德规范三类。法律规范（广义）是进行合法性或合规性判断的主要依据，适用于所有监督客体。同时，在对党员、党组织、领导干部以及具有特定身份人员的监控中，还有可能以纪律规范和道德规范为依据，对其行为作出判断。

三是提出建议，明确要求。当发现监督客体存在违法、违规、违纪或越权等行为时，监督主体必须作出纠正监督客体行为的决定，并把这一决定向监督客体提出，要求监督客体在一定期限内执行该决定，纠正违规违法行为，回到合法合规的轨道上来。当然，当监督客体的违规违法行为的性质达到需要交由司法机关处理的程度时，则另当别论。"提出建议，明确要求"需要注意的是，建议必须合适、有力，要求必须明确、具体。也就是说，监督主体所提出的监督建议必须合情、合理、合法，具有说服力，必须使监督客体明确自己错在哪里，如何纠正。

"建议的提出"这个环节有可能成为监督活动的终点。当监督客体按照建议，切实纠正、撤销或取消了其已经采取或将要采取的行动后，监督活动就达到了预期的目的，此项监督活动就当结束；当监督客体的建议得不到监督客体的认同而遭到抵制时，监督就要进入下一个环节。

3）制裁（或否决）的实施和威慑

这是指监督主体在监督客体拒绝监督建议时，依法对监督客体进行具有强制性的处理或制裁。这需要监督主体拥有对监督客体进行处理或制裁的强制性权力。这一权力可以备而不用，但是不能没有，它对监督客体是一种威慑。没有这种威慑，监控主体就缺乏权威性，就缺乏一种制度上的保障。

制裁实施主要有三种形式：一是大众的抗议、游行、示威；二是相对独立的权力主体之间的否决权或弹劾权；三是上级权力主体对下级权力主体行使的处分权和罢免权。当监督主体与监督客体之间为上下级关系时，监督主体如果发现监督客体拒绝监督建议，可以行使该权力。这是一种最为彻底的制裁权。

总之，党和国家监督机制的运行，可以分为"信息的取得"、"建议的提出"和"制裁的实施"三个环节或要素。这三个环节或要素，既指明了党和国家监督的运行程序，又确定了监督的实体内容，并给定了监督有效性的评判标准。党和国家监督总是从信息的获取开始，以建议的提出为核心，以制裁的实施收尾；国家监督的实质内容，无非就是获取信息，提出建议，实施制裁三项；而监督是否有效的标准，就在于信息是否充分准确，建议是否恰当奏效，制裁是否确有权威。

9.2.3　财会监督体系本身的协同机制

财会监督体系协同机制可以从三个维度去考察：一是单位内部财会监督的协同；二是内部财会监督与外部财会监督的协同；三是外部财会监督的协同。

1）单位内部财会监督的协同

单位内部财会监督协同机制的设计可以从两个方面入手：一是积极促进财政监督、财务监督和会计监督的有机融合；二是建立健全财会监督内部控制制度。

（1）积极促进财政监督、财务监督和会计监督的有机融合

财会监督作为党和国家十大监督体系的重要组成部分，在党和国家的

监督体系中发挥着基础性的支持作用。在新时期，随着改革的不断深入，习近平总书记的重要讲话精神为财会监督赋予了新的内涵。根据前文对财会监督内涵的界定，"财会监督"是对"财政监督"、"财务监督"和"会计监督"的统称。就一个单位而言，这三种类型的监督是并存的。所以，财会监督体系的协同首先是这三种类型的监督之间的协同。

在新时代、新形势下，财会监督已经不再是传统意义的财政监督、财务监督和会计监督，也不是三者的简单"拼盘"，而是三者的有机融合和凝练升华，其内涵更加丰富，监督范围更广更深。新形势下的财会监督是为保障党和国家政策的贯彻落实、财会管理的规范有效，依法依规对相关经济活动主体的财政、财务、会计等事项实施的监督。监督内容涉及中央宏观经济政策、重大财税金融政策、财会法律法规的贯彻落实等方方面面。

财会监督的外延是财会监督的触角和边界，涵盖和涉及了与国家财经政策执行和财政收支相关的各类经济主体的所有经济活动和行为，包括了一切政府财会活动所涉及的领域和环节。监督内容涉及对宏观经济调控政策、财政管理制度执行情况的监督，对财政收支、国有资产管理情况的监督，以及对财务会计管理情况、会计师事务所、资产评估机构等中介机构执业质量的监督等。按照外延的涵盖范围，财政监督、财务监督和会计监督也被赋予了更为广阔的边界。

财政、财务和会计监督按其外延的扩展，常常会相互贯通，既有区分、又有重合。尤其是在会计监督检查中，常会遇到属于财政和财务监督中的财政拨款、税收核算、内控管理与基建财务等类型的核查工作。因此，新形势下的财会监督不是三者的罗列，也不是另起炉灶，重新搭建一套体制机制，而是应在充分发挥财政监督、财务监督、会计监督各类监督职能作用的基础上，加强监督资源有效整合，畅通监督信息共享，建立起一个财政监督、财务监督、会计监督各司其职、有机贯通的财会监督体系。

（2）建立健全财会监督内部控制制度

财会监督是全流程的事前、事中、事后资金运动全覆盖监督，但目前事前、事中监督并不充分，一些单位主要通过事后审计等实施监督，事前决策内控及事中执行控制、日常预警监督比较薄弱。为此，单位内部财会监督协同机制的设计可以借鉴内部控制思想和以往研究成果，建立以内部控制为导向的财会监督模式，将内部控制理念贯穿于财会监督的每个层面、每个阶段、每个环节，由"检查型"监督逐步向"管理型"和"服务型"监督转变，由"纠错型"监督逐步向"预防型"监督转变。一是财务部门岗位制约控制。通过预算编制、合同会签、原始凭证审核、记账凭证检查、定期盘点、银行对账等开展事前、事中、事后的日常监督，并可视情况开展事后的专项监督。二是职能部门开展日常监督。主要通过监控财务指标和预警、对重大财务事项履行审批程序等，开展事前、事中的日常监督。同时，通过季度和半年度的内部控制评价工作开展事后监督。三是内部审计和纪检监察部门主要开展独立的专项监督。开展事后监督，以保持独立性和更好地发挥监督作用，并结合单位工作重点，针对单位财务活动中的高风险领域，开展专项审计和纪检监察工作。四是及时向财政监管部门备案。自觉接受主管财政机关依法实施的预算执行和财务管理的合规性监督管理，如实提供完整的财务相关资料。

2）内部财会监督与外部财会监督的协同

目前不管是制度层面还是执行层面都未充分明确各相关部门将内部监督情况及时抄送相关监管单位或移送相关部门，外部监督也仅仅是针对某个检查项目，未能全面、整体地对被监督单位实行全景式扫描透视，也无法对已经形成的监督信息迅速有效"再利用"，没有形成公开透明的内外监督共享机制。

内部财会监督与外部财会监督协同机制的设计可以从两个方面入手：一是内部财会监督要完善财会信息披露。正如前文所说，财会信息披露是最根本的财会监督方式，是强化财会监督的根本。要充分发挥财会信息披露的监督作用，在不违反相关法规的前提下，披露的范围应尽可能扩大，以加大财会监督的范围、提升财会监督的效果。第一，可以根据监督需要，完善各主表的项目；第二，可以加大附表数量，根据不同的监督主体设置相应的附表，如满足政府财税监督的附表，满足政府监察或司法监督的附表，满足政府三公经费监督的附表，满足所有者监督的附表，满足债权人监督的附表，满足其他利益相关者需求的附表等；第三，可以规范财务报表附注，包括对自愿披露内容等的规范。当然，值得强调的是，根据不同单位的性质，其披露的范围和内容是应当有所区别的。

二是外部监督要提高政治站位，加大整改力度，积极推动相关法律法规的完善与修订。实践中，单位接受外部监督后，监督部门不仅要求被监督单位按照整改意见书的要求进行相应的整改，还应该从机制、体制方面揭露问题背后的深层次原因，并对同类型问题进行综合分析，从根本上提高监督成果的利用率。例如，财政部门从严肃财经纪律角度进行的会计监督，不应只停留在对被检查单位进行核算管理上的规范，还应上升到规范财务会计制度及国家政策法规的修订上来。只有加强统筹联动，才能形成内外监督系统的"双环合力"，同向发力、同频共振。通过内外监督的合力，在提升监督质量和效能上持续探索有效方式，加强不同监督方式之间的互通互联，构建紧密衔接的监督之网，一体推进"不敢腐、不能腐、不想腐"的体制机制。

3）外部财会监督的协同

当前，纪检、监察、审计、证监、银保监、国资等各类监督之间常态化沟通衔接机制不健全，缺乏沟通协调、信息共享机制。一方面各部门存在职能交叉，导致有些地区部门查了又查，而有些地区部门则长久无人问津，形成监管"盲区"；另一方面各部门监督对同一问题的处理标准不同，甚至出现前后矛盾的现象，造成了国家监督力量的浪费和问题深层次追究的缺失，也影响了财会监督的效率和严肃性。

外部财会监督协同机制的设计可以从两个方面入手：一是构建统一高效的政府财会监督平台，整合财政、审计、证监等各方监督力量。从系统性、动态性、灵活性方面进一步优化政府财会监督制度，协同各方监督力量形成"互通信息、协调行动、错位补台"的监督合力。二是建立"监督共享联席会"制度，互通监督信息资源。每年年初召开"监督共享联席会"，就监督计划互通有无，形成的监督成果互相利用，对财会监督工作体会、线索进行交流，提升财会监督权威性和有效性。

9.2.4　财会监督与其他监督之间的协同原理及其机制

1）财会监督与其他监督之间协同的原理

目前的党和国家十大监督，并非是按照同一个分类标准分类的结果。它们有的是按照监督内容划分，如财会监督；有的是按照组织类型划分，如党内监督；有的是按照监督主体划分，如人大监督、民主监督、群众监督；有的是按照监督手段划分，如审计监督、统计监督和舆论监督。这就导致这些不同的监督类型可能是同一个事情的不同方面，或者是一类监督类型构成了另一类监督类型的具体内容或具体职责，例如人大监督包括对预算的监督，实际上也是财会监督的一种具体表现。

财会监督以资金运动为载体。在经济社会，经济业务的开展都离不开资金的支持。归根结底，财会监督主要是对资金及其运动的过程进行监督。所以，党和国家十大监督尽管不是按照同一个分类标准分类的结果，但是财会监督在一定程度上构成了其他监督类型的具体内容、具体职责或具体表现。正是这个原因，我们要考虑财会监督与其他监督之间的协同问题。这个问题可以细分成如下两个基本问题：其他类型的监督体系涉及资金及其运动过程的，如何做好财会监督？财会监督发现的问题或结果如何支持其他类型的监督开展工作，以实现监督的目的？

财会监督属于经济监督的范畴。除了经济监督，监督还涉及法律监督、行政监督和社会监督等。在社会主义市场经济条件下，经济监督的地位越来越重要、作用范围越来越广泛。经济越发展，会计越重要，因此，财会监督在经济监督及整个国家监督体系中也越来越重要。

党和国家十大监督体系中，属于经济监督范畴的还有审计监督和统计监督等。由此可见，财会监督与其他九大监督体系的关系有的比较紧密，甚至有可能是针对同一监督内容展开的监督活动，也有的是基于国家治理多元参与的特点，联系较为间接，如与群众监督、舆论监督等非财会专业监督。所以财会监督与其他类型监督的联系与区别是我们在设计协同机制时首先要清楚的，不能简单地以财会监督的概念取代其他各类监督，更不能割裂财会监督与这些监督之间的联系。接下来我们先探讨财会监督与党内监督、审计监督、统计监督之间的协同，再探讨财会监督与人大监督、民主监督、行政监督、司法监督、群众监督、舆论监督之间的协同问题。

2）财会监督与党内监督的协同

（1）党的领导是财会监督的保障

中国共产党是我国社会主义建设的领导力量，这是载入我国宪法的根本原则。我们党在革命、建设、改革的各个历史时期，坚持正确的路线、方针、政策，为实现国家和人民的根本利益而不懈奋斗，从而赢得了人民的拥护。由此看来，实行财会监督必须坚持党的领导。

首先，党的领导为财会监督明确了政治方向。财会监督首次纳入党和国家监督体系，这也就意味着财会监督只有在党的领导下，才能保障其沿着正确的政治方向发展。

其次，中国共产党的执政党地位决定了党是协调财会监督主体形成合力的决定力量。中国共产党是中国特色社会主义事业的领导核心，是执政党。共产党执政就是要坚持人民当家作主，最广泛地动员和组织人民群众依法管理国家和社会事务，管理经济和文化事业，维护和实现人民群众的根本利益。以权控权、强化监督反映了新时代执政党领导方式的基本特征，体现了党的执政地位和执政作用。[①]

（2）党内监督的概念和特点

党内监督是与党外监督[②]相对的，它是指党组织之间、党员之间以及党组织和党员之间，依照党章和其他党内法规的规定所进行的相互监察、相互督促的活动。党的执政地位，决定了党内监督在党和国家各种监督形式中是最基本的、第一位的。党内监督是中国共产党的一项重要制度，是保证党的先进性、纯洁性和团结统一的重要保障。只有以党内监督带动其他监督、完善监督体系，才能为全面从严治党提供有力制度保障，管党治党、治国理政的各项任务才能落到实处。

党内监督的特点主要包括：一是政治性强。党内监督是党内政治生活的重要内容，其目的在于确保党的先进性、纯洁性，从根本上维护党的团

---

① 石书伟. 行政监督原论［M］. 北京：社会科学文献出版社，2011.
② 党外监督，则是指由党的统一体外的组织、单位或个人依照国家法律、法规和有关规定，对党的组织、党员或者党员领导干部的行为所进行的监察督促，如人大监督、民主监督、司法监督、审计监督等。

结和统一。二是全覆盖监督。党内监督的对象包括各级党组织、全体党员，不分高低贵贱，实现全方位监督。三是制度化、法治化。党内监督依托党章和其他党内规章制度，通过制定各项监督制度、程序来规范和实施监督工作。四是民主集中制。党内监督既注重党员之间互相监督，更要坚决维护党的集中和统一，维护党的核心地位和集中领导。五是惩前毖后、治病救人。党内监督遵循"惩前毖后、治病救人"的原则，既要对违纪行为予以严肃处理，也要加强教育引导，促使党员干部自我纠正。六是群众路线。党内监督强调依靠群众，通过开展批评和自我批评、听取民意建议等形式，促进监督的广泛性和深入性。七是以教育和预防为主。党内监督强调加强对党员干部的思想教育、规则意识教育等，预防违纪违法行为发生。

　　总的来说，党内监督体现了严谨性和灵活性相结合，注重制度的规范和思想教育的培养，是确保党的领导强有力、纯洁高效的重要保证。

　　（3）财会监督与党内监督的协同机制

《中国共产党党内监督条例》（2016）在第六章中明确要求将党内监督和外部监督相结合。财会监督在2020年初首次纳入党和国家监督体系，因此，我们也应当将财会监督与党内监督相结合，协同作用，相互补充，共同促进党的纪律执行和组织管理的规范化、透明化。

　　一是财会监督强化党内监督。财会监督能够对党员干部的财务活动进行审计监督，揭露财务违规问题，进而强化党内监督，促进党员干部廉洁自律，规范党内生活。

　　二是党内监督强化财务管理。党内监督可以通过审查党员干部的思想作风、工作作风等方面，对财务管理中的潜在问题进行监督，保证公款不被滥用，财务规范运作。

　　三是互相协作强化党风建设。财会监督和党内监督可以互相通报信息，相互补充，共同推进党风廉政的建设。财务违规问题往往伴随有其他违纪问题，如权力寻租、利益输送等，通过协同作用，可以综合治理，更加全面地推进廉洁党风的建设。

　　四是党内监督推动财务透明。党内监督要求加强对组织内部工作的监督和管理，推动财务信息公开、透明化，增加监督力度，避免腐败和贪污现象发生。

五是制度建设与落实。财会监督和党内监督都需要建立相应的制度框架、规章制度，对监督对象和范围进行明确界定。只有制度建设得当、执行得力，才能确保有效的监督和管理。

具体说来，财会监督与党内监督协同机制的设计可以从以下两个方面入手。

第一，建立健全财会监督相关成果向党内监督机关报告的制度。在开展财会监督工作中发现党的领导干部涉嫌违纪的问题线索，应当向同级党组织报告，必要时向上级党组织报告，并按照规定将问题线索移送相关纪律检查机关处理。

第二，党内监督可以利用其核心地位构建包括财会监督在内的各类监督协同共享平台。纪检监察机关要积极履行职责，在实施监督、结果的实时共享方面发挥龙头和枢纽作用。党章赋予纪检监察机关"组织协调"的重要职责。这里的组织协调不仅包括自身履行监督职责，也包括协调其他监督主体履行监督职责，最重要的一点就体现在监督的实施和结果的运用、共享上。纪检监察机关要通过明确监督层次和监督责任，形成流畅的监督信息反馈渠道，实现局域网内各个类型、各个层面的监督成果共享，为包括财会监督在内的其他九大监督提供问题线索或证据。将财会监督和党内监督联系在一起，可以有效地化解财会监督的力度过小或者力度不够的问题。

综上所述，财会监督和党内监督可以共同发挥作用，相互促进，确保党的先进性、纯洁性，维护党内党外的秩序和规范，推动党的建设和发展。

3）财会监督与审计监督的协同

（1）我国审计监督制度

审计是独立检查会计账目，监督财政、财务收支真实、合法、效益的行为。按审计的主体分类，可分为国家审计、内部审计和社会审计。国家审计，也称政府审计，是指由国家审计机关代表国家所实施的审计。按现行规定，我国国家审计的监督主体包括审计署和县级以上地方各级人民政府设立的审计机关；审计的对象包括国务院各部门、地方各级人民政府及其各部门、国有金融机构、国有企业和国有资产占控股地位或者主导地位的企业、事业组织、其他应当接受审计的部门和单位，以及上述部门和单位的有关人员。国家审计的目的是，通过审计财政、财务收支真实、合法和效益，维护国家财政经济秩序，提高财政资金使用效益，促进廉政建设，保证国民经济和社会健康发展。

根据《中华人民共和国宪法》第九十一条和第一百零九条，国务院设立审计机关，对国务院各部门和地方各级政府的财政收支，对国家的财政金融机构和企业事业组织的财务收支，进行审计监督；审计机关在国务院总理的领导下，依照法律规定独立行使审计监督权，不受其他行政机关、社会团体和个人的干涉；县级以上地方各级人民政府设立审计机关，依照法律规定独立行使审计监督权，对本级人民政府和上一级审计机关负责。从宪法确立的审计制度看，我国的审计体制具有如下特点：审计机关设在政府，是国家行政机构的组成部分；审计署是国家最高审计机关，同时也是国务院的组成部分，审计署在国务院总理的领导下，主管全国的审计工作；地方各级审计机关实行双重领导体制，对本级人民政府和上一级审计机关负责。

建立健全各级人大常委会听取和审议审计工作报告的制度，加强对财政经济活动的监督和财政经济领域的民主法治建设，充分发挥审计监督和国家权力机关的预算审查监督在国家财政经济运行中的作用，具有重大的意义。

一是有利于政府机关的审计监督与国家权力机关的监督相结合。审计机关设在政府，审计监督属于行政监督系列，而建立各级人大常委会听取和审议审计工作报告的制度，使政府行政首长领导下的行政型审计体制与向各级人大常委会定期报告审计工作并接受监督相结合，既发挥了审计机关的专门审计功能，又体现了国家权力机关的预算审查监督在国家财政经济运行中的作用，有利于审计机关更好地开展工作，使审计工作得到本级政府的充分重视和本级人大常委会的支持，提高审计监督的权威性。

二是有利于加强对本级政府预算执行、决策和其他财政收支情况的监督。各级人大常委会听取和审议审计工作报告制度，虽然是国家权力机关监督作为行政机关的审计机关的工作，但最终目的是通过听取和审议审计工作报告，监督本级政府的预算执行和其他财政收支情况，增强审计监督的权威性和预算执行的严肃性。同时，这一制度与每年各级人大常委会审查和批准决算的工作相结合，使各级人大常委会对决算的监督更有针对性、更有力度。

（2）审计监督的概念和特点

审计监督是指审计机构对组织、单位的经济活动和管理行为进行审计，以发现和解决违规、浪费、滥用职权等问题，保障财务经济活动合法、规范和有效进行的监督过程。审计监督旨在提高财务管理的透明度、规范性和有效性，保障国家和社会利益不受损害。

审计监督的特点包括：一是独立性。审计机构应当独立于被审计对象，独立行使审计权力，确保审计结果客观、公正。二是全面性。审计监督要求全面审查被审计组织或单位的财务活动、管理行为，确保相关事项得到全面、准确的审计。三是公正性。审计监督要求审计机构和审计人员保持公正、客观的立场，不受利益干扰，确保审计结果客观真实。四是及时性。审计监督要求及时对被审计对象进行审计，及时发现和解决问题，避免问题扩大和加剧。五是预防性。审计监督注重预防工作，通过审计发现问题，提出建议，指导和帮助单位改进经济管理和工作方式，预防问题的发生。六是持续性。审计监督是一项持续性的工作，定期对组织和单位进行审计，促进问题的及时解决和改进。七是监督性。审计监督是对组织、单位的经济管理行为进行监督，确保其合法、规范、高效进行，保障财政资金使用的安全和有效性。

审计监督在现代社会中具有重要作用，是维护纪律、监督管理效率、防止腐败的重要手段，有助于促进国家经济和财政制度的健康发展。

（3）财会监督与审计监督的区别

虽然财会监督与审计监督同属经济监督范畴，但是由于监督目标不一样，两者在各自的专业领域发挥监督力量。一个明显的区别是，财会监督介入的时点可以是事前、事中和事后，而审计监督则是事后监督。例如，充分发挥财政部门在预算执行中的监控作用，加强事中监督是财会监督与审计监督最大的区别。财政部从 2017 年开始，在全国范围内推行国库动态监控系统，依托这个系统财政部国库司、财政部各地监管局可以实现对中央预算单位的每一笔预算支出实施动态监控，预算监管真正实现了事后检查向事前、事中监管的重大转变。运用信息技术对行政事业单位的预算执行数据进行实时分析预警，将预算执行信息与预算批复、银行账户、资产管理等信息对比分析，可以及时发现趋势性、苗头性问题，进行靶向核实和监管，及时纠正违规行为，避免造成重大损失。通过加强对直接支付和授权支付预算资金的执行监控，能助推各预算单位严格执行预算，提高资金效益。

再如，决算审核是对预算单位综合收支状况、各项资金和资产管理状况的全面审核，是对预算单位预算编制、预算执行情况的系统检验，也是开展绩效评价的基础。财政部门在年度终了对预算单位开展决算审核，发现问题要求预算单位及时调整，这不同于审计监督的事后决算检查，也是事前监管。通过决算审核可以发现预算单位预算管理中的薄弱环节以及存在的问题，如预算编制不合理、预算执行缺乏刚性、财务核算不规范，资金使用缺乏效率等，由此可以敦促预算单位不断提高预算编制的科学性，提高预算执行质量。

147

（4）财会监督与审计监督的协同机制

虽然财会监督和审计监督是两种监督方式，但是二者可以协同作用，相互补充，共同促进财务经济活动的规范、透明和有效进行。从法律责任的角度来分析，财会监督与审计监督的对象与目标具有某种一致性，其运行路径、方式、运行机理等方面存在着一定的交叉重复。例如，现行《中华人民共和国审计法》（2021）第四条规定："国务院和县级以上地方人民政府应当每年向本级人民代表大会常务委员会提出审计工作报告。审计工作报告应当报告审计机关对预算执行、决算草案以及其他财政收支的审计情况，重点报告对预算执行及其绩效的审计情况，按照有关法律、行政法规的规定报告对国有资源、国有资产的审计情况。必要时，人民代表大会常务委员会可以对审计工作报告做出决议。国务院和县级以上地方人民政府应当将审计工作报告中指出的问题的整改情况和处理结果向本级人民代表大会常务委员会报告。"这里除了涉及审计监督和财会监督外，还涉及人大监督。

所以，在设计财会监督与审计监督的协同机制时，首先要界定清楚财会监督与审计监督的职权边界。其次，财政部门要强化与审计部门之间的联系与配合，培养财会监督中的信任意识，发挥各自的职能优势，在财会监督工作中展现不可替代的作用，并在监督过程中防止工作的交叉重叠，从而达到共同监督的目的。概括说来，财会监督与审计监督的协同可以从以下几个方面入手。

一是实现信息共享。财会监督和审计监督都涉及对财务经济活动的监督和审查，可以通过信息共享、数据对接来互通有无，提高监督的全面性和准确性。

二是相互协调。财会监督和审计监督在监督对象、监督内容、监督方式上有一定的重合和差异，可以相互协调，互相弥补监督的盲区，提高监督的效果。

三是问题发现和解决。财会监督和审计监督都能发现财务问题、违规行为，但审计监督更为深入和全面，可以通过审计报告提出具体问题和解决建议，为财会监督提供依据和指导。

四是风险预警。财会监督和审计监督能够共同发挥风险预警的作用，通过审计发现风险点和问题，提前预警，及时制定措施避免风险扩大。

五是问题整改。财会监督和审计监督共同促进被监督对象落实整改措施，确保问题得到有效解决，提高财务经济活动的合规性和效率。

六是制度建设与改进。财会监督和审计监督能够共同推动制度建设和改进，明确监督职责和流程，提高监督工作的规范化和制度化。

综上所述，财会监督和审计监督可以互相协同、相互促进，共同推动财务经济活动的规范化、透明化和有效性，为保障经济发展和社会稳定提供有力支持。

4）财会监督与统计监督的协同

（1）统计监督的概念和特点

统计监督是指对统计活动进行的监督和管理，旨在保障统计数据的真实性、客观性和准确性，维护统计制度的权威性和可信度。统计监督是国家统计工作中的一个重要环节，具有保障统计数据质量、维护国家利益和社会公共利益的重要作用。

概括地说，统计监督的特点主要包括以下几个方面：一是法定性。统计监督是依法开展的，依据相关统计法律法规，明确监督的对象、内容、程序和方式。二是专业性。统计监督由专业的统计机构或相关部门负责进行。这些机构和部门具备统计业务知识和技能，保证监督工作的专业性和准确性。三是独立性。统计监督要求统计监督机构独立于被监督单位，不受其干扰或控制，保证监督的客观、公正性。四是客观性。统计监督强调客观、中立的立场，对统计活动中出现的问题和错误进行客观、严谨的审查和评判。五是全面性。统计监督对统计数据的收集、整理、发布全过程进行监督，确保数据真实可靠。六是及时性。统计监督要求及时发现、处理和纠正统计数据中的问题，避免错误信息对政策制定和社会管理带来影响。七是监督性。统计监督是对统计工作的有效监督和管理，保障统计数据的质量和准确性，维护统计制度的正常运行。八是提质增效。统计监督旨在提高统计数据质量，优化统计流程，提升统计工作的效率和水平，为科学决策提供可靠数据支持。

通过有效的统计监督，可以提高统计数据的可信度和权威性，为政府决策、社会科学研究和经济发展提供坚实的数据基础，推动社会经济的持续健康发展。

（2）财会监督与统计监督的协同机制

统计监督与财会监督、审计监督一样，同属经济监督范畴。根据《统计法》的相关规定，统计监督主要是指"统计机构通过统计资料对政策、计划的执行情况进行检查和监管的经济监督方式"。统计机构通过直观数据分析，将分析结果提供给财会部门和审计部门，指出财会审计政策的制定是否合理、经济发展形势是否符合预期、财政和审计机关的相关措施是否有效等，实现对经济社会的宏观调控；在微观层面，统计中心或者企事业统计部门将统计结果提供给企业内控相关部门，帮助其明确控制工作的重点、下一步改进措施和发展战略。

财会监督和统计监督虽然是两种不同的监督领域，但是二者在财务数据和统计数据方面有一定的重合，因而可以进行协同合作，共同促进数据质量、信息透明度和监督效果的提升。财会监督与统计监督协同机制的设计主要是搭建起共商共讨的沟通平台以推动协作监督的落实。一是加强财会监督，向统计监督提供高质量财会信息。财政部门及企事业单位通过对日常经营活动的监督和社会审计中介组织的鉴证，及时发现已有问题和风险隐患，在源头上有效防范权力不受制约情况的发生，同时，积极配合统计监督工作，向统计监督提供高质量信息，对统计报告反映出的问题及时解决。二是统计监督为财会监督提供财会问题线索，以便及时加强财会监督。统计监督通过收集整理财会相关数据信息，真实、客观、公正地向财会监督反馈相关政策计划的执行情况、财经法规的维护情况和国家经济的健康状况，为财会监督工作提供精确、直观的监督方向。

具体说来，财会监督与统计监督协同的方式表现在以下几个方面：

一是数据比对和交互。财会监督和统计监督可以通过数据比对和交互，验证并确认财务报表和统计数据的一致性和准确性，确保数据的可靠性。

二是信息共享与整合。财会监督和统计监督的机构可以共享数据和信息资源，相互补充，确保监督的全面性和准确性，提高对经济活动的监管效果。

三是协同审查与分析。财会监督和统计监督的机构可以协同进行审查和分析，共同发现数据异常、疑点，加强数据监督的深入性和全面性。

四是风险预警与问题解决。财会监督和统计监督可以共同预警数据风险，及时发现和处理财务和统计数据中的问题，避免数据质量问题对决策和管理造成危害。

五是监督指导与规范工作。财会监督和统计监督机构可以相互协调，共同推动统计和财务活动的规范化，指导和规范数据的收集、整理和报告过程，确保数据的合规性和准确性。

六是制度建设与改进。财会监督和统计监督的协同合作可以帮助推动监督制度的建设和改进，明确监督职责和流程，提升监督工作的制度化和规范化水平。

通过财会监督和统计监督的协同作用，可以提高财务和统计数据的质量和可信度，为政府决策、社会管理和经济发展提供更加准确和可靠的数据支持，促进社会经济的发展和稳定。

5）财会监督与人大监督的协同

（1）人大监督的概念和特点

人大监督，全称"人民代表大会的监督"，亦称国家权力机关的监督，指各级人民代表大会及其常务委员会，根据法定的权限和程序，对各级国家行政机关、审判机关和检察机关的工作，对同级人民代表大会常务委员会和下级人民代表大会及其常务委员会的工作，以及宪法和法律的实施情况，所采取的了解、审议、督促和处置的行为。

人大监督是最高权力机关的监督，这种监督具有三个基本特点。一是至上性。各级人大及其常委会的监督与同级其他国家机关、社会组织的监督相比较是最高层次、最具权威的监督，具有强制性和约束力。二是法定性。人大及其常委会审批预算与监督预算的执行，具有法律的规定和权威性。经过人大及其常委会审查批准的预算和部分调整的方案必须认真执行，不经过法定程序，不得擅自变更。三是规范性。人大审批监督需严格按照法定的程序，并且是一项集体行使职权的行为，只有经过法定的民主程序形成的决议，才具有使政府必须执行的约束力。

（2）处理好财会监督与人大监督的关系

人大监督是我国各种监督制度中最根本的、层次最高的、最具有法律效力和最有权威性的监督，这些特征决定了人大及其常委会对财政的监督具有宏观性，属于高层次监督。人大监督根本性与全局性的特征决定了人大监督与财会监督的关系是全局与局部的关系。例如，财会监督是人大监督之下的政府监督，加强财会监督，改进财会管理是人大监督的重要基础和必要补充，有利于更好地落实人大监督的意志。而发挥人大监督的作用也是财会监督的一种具体表现。例如，人大监督的内容除了监督宪法和法律的实施（即法律监督），还包括监督相关对象特别是"一府两院"的工作（即工作监督）。

就工作监督而言，人大监督包括总体监督、决策监督、绩效监督、廉政监督和人事监督等方面。其中，绩效监督和廉政监督与财会监督就存在交叉重叠的地方。例如，计划和预算监督是各级人大常委会行使监督权的重要方面，在国家政治、经济生活中具有重要意义。监督法规定了各级人大常委会依法审查和批准决算，听取和审议国民经济和社会发展计划、预算的执行情况报告，听取和审议审计工作报告等监督形式，并规定了计划监督、预算监督的内容和程序。

各级人大常委会对计划①和预算②监督，若《监督法》对此有规定，适用《监督法》，《监督法》没有规定的，适用有关法律的规定。这里的"有关法律"可能会涉及有关财会监督的法律法规等。在这种情况下，人大监督与财会监督的协同监督就显得十分必要与重要。例如，《监督法》只对各级人大常委会对计划的监督作了规定，对重大建设项目的监督没有直接涉及，但根据《关于加强经济工作监督的决定》的有关规定，全国人大常委会应当对国民经济和社会发展计划的执行情况进行监督，对计划安排的国家重点建设项目，可以根据需要听取国务院的工作汇报，进行监督③。《关于加强中央预算审查监督的决定》还规定，经委员长会议专项批准，可以对重大建设项目的预算资金使用进行调查，政府有关部门和单位应积极协助、配合。

国民经济和社会发展计划不仅体现党和国家的政策，涉及法律、法规的实施，而且直接关系人民的切身利益；财政预算体现国家方针政策，但财政收入来自纳税人，其分配和使用涉及人民切身利益，因此财政预算究其根本是人民意志的体现。各级人大及其常委会作为国家权力机关对计划和预算的监督，是其代表人民依法管理国家事务、社会经济文化事务的重要途径和形式。

预算监督既属于人大监督的内容，也是最根本的、层次最高的，最具有法律效力和最有权威性的财会监督。《监督法》对各级人大常委会审查和批准决算、听取和审议预算的执行情况报告、审查和批准预算调整方案及重要预算科目资金调减等作了明确规定。根据《监督法》第十八条第一款，各级人大常委会对决算草案和预算执行情况报告，重点审查下列内

---

①　这里的"计划"是指国民经济和社会发展计划，即国家对国民经济和社会发展各项内容所进行的分阶段的具体安排。它分为长期计划（一般为10年或10年以上）、中期计划（一般为5年）和短期计划（又称年度计划）。国民经济和社会发展计划，体现党和国家发展国民经济的战略部署，是国家组织国民经济和社会发展的依据。

②　这里的"预算"是指政府在一定时期内的收支计划，它是由政府提出并经国家权力机关依法通过的具有法律效力的财政收支计划，是国家筹集资金和分配使用资金的计划或概算。预算是国家方针政策的重要体现。

③　例如，2003年12月25日下午，受国务院委托，国务院南水北调办主任张基尧在向十届全国人大常委会第六次会议报告南水北调工程建设情况及下一步安排时，介绍了南水北调工程工作的进展情况。

容：预算收支平衡情况；重点支出的安排和资金到位情况；预算超收入的安排和使用情况；部门预算制度建立和执行情况；向下级财政转移支付情况；本级人民代表大会关于批准预算的决议的执行情况。除上述重点审查的六个方面的情况外，《监督法》第十八条第二款还提出下列专门要求：全国人大常委会还应当重点审查国债余额情况；县级以上地方各级人大常委会还应当重点审查上级财政补助资金的安排和使用情况。

预算监督的形式和程序有审查和批准决算；听取和审议半年度预算执行情况报告；审查和批准预算调整方案。预算监督、财会监督、审计监督需要协调统一的例子是：《关于加强中央预算审查监督的决定》还要求，中央决算草案应在全国人大常委会举行会议审查和批准的一个月前，提交财政经济委员会，由财政经济委员会结合审计工作报告进行初步审查。

综上所述，加强各级人大及其常委会对计划和预算的监督与财会监督之间的协同，能够规范财政收支行为，促进社会资源优化配置，激发公众自觉依法纳税的积极性，有利于实现财政预算的民主化、科学化，防止或减少政府重大经济决策的失误，这对于促进政府依法行政、建设民主政治、优化配置财政资金和社会资源、促进国民经济和社会各项事业的协调发展，都具有重要的意义。

（3）财会监督与人大监督的协同机制

财会监督和人大监督都是对国家机关和公共机构进行监督的重要方式，二者在监督领域有一定的交集和互补性，通过协同合作可以提升监督效果和推动政府机构及公职人员的履职尽责。

以下是财会监督与人大监督的协同方式和优势：

一是信息交流与比对。财会监督和人大监督取得的监督信息可以相互交流、比对，互相印证和核实，让监督的数据更加真实可靠。

二是问题汇总与反馈。财会监督和人大监督所发现的问题可以进行汇总和分类，向被监督单位反馈，推动问题的解决和改进。

三是审批程序与合作。人大监督可以加强对财务预算、审计报告等方面的审查和监督，提高财务支出的透明度和合理性，与财会监督形成合作关系。

四是监督立法与政策制定。人大监督能够促使立法机构对财务和财会监督方面进行加强和完善，提高监督的效果和深度。

五是问题整改和跟踪。人大监督可以督促被监督单位对财会监督所发现的问题及时整改，并跟踪执行情况，确保问题的彻底解决。

六是监督结果公开与呈报。财会监督和人大监督的结果可以相互呈报，加强监督的连续性和延伸性，确保监督的公开透明。

七是制度建设与完善。人大监督可以促进财会监督制度的建设和完善，明确各监督机构的职责和程序，推动监督工作的规范化和制度化。

通过财会监督和人大监督的协同合作，可以促进监督机制的完善和提高监督效果，确保国家机关和公共机构依法行使职责、维护国家利益和社会利益。这种协同合作将促进政府治理的现代化和民主化进程，为国家和社会的发展提供更加有力的支持。

6）财会监督与民主监督的协同

（1）民主监督的概念和特点

民主监督是指在民主制度下，通过各种方式和机制对政府、政府机构、公共机构等进行监督，以确保其依法行使权力，维护公共利益，促进政府的公正、透明和责任。民主监督是民主政治的重要组成部分，有助于防止滥权腐败、提高政府效率、促进社会公平正义。

民主监督的主体非常广泛，包括公民、媒体、社会组织等，并通过参与选举、言论自由、集会示威、政府信息公开、舆论监督、司法监督、行政监察等方式来实施监督。公民可通过选举和公民投票制度来监督政府，并通过社会参与和议政建言来参与公共事务的决策和管理；媒体通过报道监督和舆论引导来监督政府，揭露问题、曝光腐败，监督政府工作的开展；社会组织通过社会监督、社会评议等方式来参与监督政府的行为。由此可见，民主监督与其他类型的监督体系有交叉重叠的地方。

（2）财会监督与民主监督的协同机制

财会监督和民主监督作为不同层面的监督方式，通过协同合作可以提高监督的全面性、深度和有效性，促进国家机关和公共机构的透明度、责任性和效率。

在公共领域，财会监督主要是指对政府机构以及其他公共机构的财政财务活动和资金使用等情况进行审计、监督和管理，确保公共财政的合规性、透明度和有效性。财会监督可以揭露和防范腐败问题，防止公共资金的浪费和滥用，提高政府的运行效率。在财会监督方面，审计机关、财政部门等起着重要作用。

而民主监督则是通过公民、媒体、社会组织等途径，对政府及其部门的工作进行监督，确保政府的公正、透明和责任。民主监督有助于揭露权力滥用、推动政府改革，促进社会公平和法治。在民主监督方面，公民参与度、媒体公信力、社会组织活跃度等是关键因素。

财会监督和民主监督有着不同的监督对象和侧重点，但二者可以协同作用。财会监督揭露部门、机构的财会问题，往往需要民主监督中的舆论监督和公民参与，推动相关问题得到更广泛的关注和解决；而民主监督则可以促使政府更加透明和负责，进一步提高财会监督的效果。二者结合起来，可以加强对政府和其他公共机构的全面监督，确保公共资源的合理利用和有效管理。

具体说来，财会监督与民主监督的协同方式表现在以下几个方面：

一是信息共享与交流。财会监督和民主监督可以进行信息共享和交流，互通监督结果、发现问题和总结经验，提高监督效果。

二是问题整改与跟踪。民主监督可以督促被监督单位对财会监督所揭示的问题进行整改并跟踪落实，确保问题得到有效解决。

三是公开透明。财会监督和民主监督注重公开透明原则，公布监督过程、结果和建议，接受社会监督和评价，增强监督的信任度和可靠性。

四是问题审议与决策。民主监督可以组织公众讨论和参与，推动相关政策和措施的审议和决策，促进问题的解决和改进。

五是监督议案和制度建设。民主监督可以提出监督议案和建议，促进各级监督制度的完善和提高监督效果和水平。

六是舆论监督与舆论引导。民主监督可以通过舆论监督引导公共舆论对财会监督相关事务的关注和评判，增强社会监督的广泛性和深度。

七是听证与专题报告。可以通过专题听证会等方式了解财会监督的细节和结果，进行深入调查和审查，增强监督的全面性和深度。

八是参政议政与督促改进。民主监督机构可以通过参政议政的方式对财会监督结果进行督促和推动改进，促进政府工作更加透明、有效。

通过财会监督和民主监督的协同合作，可以提高监督的广度和深度，加大对政府机构和公共机构的监督力度，推动政府治理的现代化和民主化进程，促进国家和社会的发展。

7）财会监督与行政监督的协同

（1）行政监督的概念和特点

学界对于行政监督的概念尚未达成一致看法，见仁见智。总体而言，行政监督有广义和狭义之分。在广义理解上，现代行政监督制度是国家法治的重要组成部分，是通过有法律监督权的国家机关、组织和个人作为监督主体对行政机关及其工作人员的活动进行合宪性、合法性、合理性的评价，并对行政违法行为加以纠正的活动。监督的主要目的是制约国家行政权，防止行政权专横。这种广义的监督主体，包括国家机关（立法、行政、司法机关）、社会政党、社会团体、公民公众等。而监督客体，包括具体行政行为和抽象行政行为。因此，在广义的行政监督里，政党监督、团体监督、舆论监督、公民监督为行政监督网络体系的组成部分。狭义的行政监督则是指在国家监督制度体系中，有关国家机关依法定职权对行政机关是否合法、合理地行使行政职权所实施的督察、纠偏等活动。在此狭义限定中，党内监督、社会监督、公民监督虽然也是以行政机关是否合法、合理地行使行政职权为监督对象，但这种监督因为不直接产生法律效果，或者仅仅是启动行政监督程序的一个前提条件，故不属于行政监督范围。

作为有关监督制度领域的独特制度，行政监督又不同于其他政治制度、经济制度、社会制度，这种监督具有以下特点。一是监督依据的法律性。行政监督的主体、监督对象、监督客体、监督内容、监督方式、监督程序、法律后果等，都由法律明确规定，监督者和被监督者均必须遵行。二是监督过程的程序性。从法律层面来看，行政监督是一种程序化的法律制度。三是监督目的的控权性。行政监督担负着控制被监督机关权力越轨的任务，是对管理的再管理，对控制的再控制，是"以权控权"。四是监督内容的全面性。行政监督由行政机关内部监督系统和其他国家机关监督系统构成。我国的行政监督制度也是由内部的行政监察、行政复议等监督系统与外部的行政诉讼、违宪监督、检察监督等系统构成。行政监督对行政机关的行政行为不限于合法性监督，也实施合理性监督，以防止行政机关滥用行政自由裁量权。五是监督效力的权威性。行政监督过程以国家法律为依据，以国家强制力为后盾，在监督过程中，发现被监督者有违宪、违法、违纪行为，可按监督程序追究其法律责任。[①]

（2）财会监督与行政监督的协同机制

财会监督与行政监督的协同点可以从系统控制说[②]看得非常清楚。系统控制说提示人们应将行政监督置于一定的环境中去全面地考察，它认为从社会系统的管理控制过程看，行政组织作为决策系统，其管理对象就变成了执行系统，其中的监控当属于部门行政管理的内容，并相应地区别和体现为审计监督、银行监督、税务监督、卫生监督等经济监控和执法监督，而行政组织相对于一定的政治系统（如权力机关、执政党）而言，又成了执行系统，必须在政治系统中若干主体的监控下依法行使职权并高效执行任务。[③]根据系统控制说，财政部门除了内部的自纠式财会监督外，财政部门对外的财会监督实质上是行政监督的一种体现，这就是财会监督与行政监督的协同点。换言之，在这个点上，财会监督就是行政监督，行政监督就体现为财会监督。

虽然财会监督和行政监督是两种不同层面的监督方式，二者在监督对象和手段上存在一定的差异，但通过协同合作可以相互弥补不足，提高监督效果，促进政府机构和公共部门的规范运作和良好治理。概括起来，财会监督与行政监督的协同方式和优势表现在以下几个方面。

一是信息共享与比对。财会监督和行政监督的监督信息可以相互共享和比对，深入核实财务和运行数据的准确性和真实性，提高监督的有效性。

二是问题整改与跟踪。行政监督可以对财会监督揭示的问题进行整改和跟踪，及时解决存在的管理漏洞和不规范行为，提高工作效率和质量。

三是监管机制与合作。财会监督和行政监督可以建立监督合作机制，共同推动政府机构和公共部门的规范运作，提高整体监管效能。

四是制度建设与完善。行政监督可以促进财会监督制度的建设和完

---

① 石书伟. 行政监督原论［M］. 北京：社会科学文献出版社，2011.
② 系统控制说是学界对于行政监督概念的一种观点，此外，还有狭义说、广义说和融合说。
③ 石书伟. 行政监督原论［M］. 北京：社会科学文献出版社，2011.

善，推动监督规范化和制度化，提升监督的可持续性和稳定性。

五是监督结果公开与反馈。财会监督和行政监督的结果可以相互呈报和反馈，促进监督的公开透明和连续性，接受社会监督和评价。

六是风险防范和问题解决。行政监督可以帮助运用财会监督结果对潜在风险进行识别和防范，及时解决问题，确保财务管理和运营的合规性和安全性。

七是改进和提升管理水平。财会监督和行政监督的协同合作可以共同推动改进和提升管理水平，促进政府机构和公共部门的改革和现代化发展。

通过财会监督和行政监督的协同合作，可以提高监督效果、促进管理水平的提升，保障政府机构和公共部门的规范运作，为国家和社会的发展提供更加稳健有序的管理支持。

8）财会监督与司法监督的协同

（1）司法监督的概念和特点

司法监督是指司法机关对行政机关、公安机关、检察机关等的行政行为、执法活动及司法实践进行监督的一种机制。司法监督的主要目的是确保各级政府机关及司法机关行使权力的合法性、公正性和效率性，维护公民的合法权益，促进法治社会的建设。司法活动的基本功能是"定分止争"，所以司法监督往往是事后监督。在很多国家，司法监督是维护法治社会的重要手段之一，有助于减少腐败现象、提高政府部门及司法机关的透明度和责任感，促进社会公平正义。司法监督的建立和完善需要依靠法律制度、有效的监督机制以及公民的参与和监督意识。

司法监督与监督司法[①]不是同一概念。司法监督的主体是特定的，这就是说其主体被限定为司法。这里的司法，可以指司法机关，也可以指司法行为。司法机关的外延，习惯指公安机关、国家安全机关、检察机关、

---

① 监督司法的主体是不特定的，其范围很广泛，不限于公安机关、国家安全机关、检察机关、审判机关、司法行政机关，这类机关以外的监督主体就不能以（刑事、民事、行政）三大诉讼法所规定的监督方式对司法加以监督。但是，非司法机关可以有其他的监督方式对司法加以监督。如，人大及其常委会对司法机关及其行为或有关人员的监督，则根据宪法、有关组织法和议事规则的规定，一般可以采取听取汇报、询问、质询、视察、特定问题调查、罢免等监督方式。这种监督是国家权力机关的监督，是最高层次的监督。舆论监督，则通过报刊、电视、电台等媒体曝光的方式，进行追踪报道，开展批评，提出建议。这类监督对司法机关没有强制力，但是，却非常重要，并很有成效。监督司法的监督对象一般仅限司法机关、司法行为、司法人员。

审判机关、司法行政机关。司法监督的监督对象要广泛得多。纵览各国，司法监督的对象可以包括立法机关、行政机关和司法机关本身。司法监督只能是对特定的对象，运用司法的手段（诉讼程序），履行法定职责，进行的监督。

司法监督的特点包括：一是独立性。司法监督是独立于行政机关和其他司法机关的监督形式，司法机关在执行监督职责时不受外部干涉，确保监督的客观性和公正性。二是法律性。司法监督受法律的规范和约束，立足于法律的明文规定对行政机关和其他司法机关的活动进行合法性审查和监督。三是程序性。司法监督进行的过程具有一定的法定程序，要求根据法律规定和程序要求开展监督活动，确保监督的合法性和有效性。四是独立性。司法机关作为司法监督的主体，独立于其他权力机关，对行政机关和其他司法机关的活动进行独立、客观、公正的监督。五是公开透明。司法监督在法定范围内一般属于公开进行，审理案件和作出监督裁决的过程和结果通常对公众开放，确保监督的透明性。六是法律监督。司法监督主要通过法律手段来实现，对行政机关和其他司法机关的职权行使进行法律审查，保障权力依法行使。七是独立审查。司法监督是对行政机关和其他司法机关行使职权的合法性和正当性进行独立审查，发现问题并作出裁决、判决或建议。八是保障权益。司法监督旨在保障公民、法人和其他组织的合法权益，保护社会公共利益，维护司法公正和法治权威。

159

司法监督作为对行政行为和司法活动的重要约束和保障机制，有利于规范行政和司法机关的权力行使，防止滥用职权和侵害公民权益，维护社会公平正义和法治稳定。

（2）财会监督与司法监督的交叉形成了法务会计（司法审计）

财会监督与司法监督的协同点体现在法务会计或者司法审计上。党的二十大报告提出开创法治中国建设新局面，深入推进司法体制改革，确保社会公平正义，保障更为坚实。随着中国经济进入高质量发展阶段，经济活动呈现出交易主体多样、交易环节复杂、交易规则庞杂等特征，导致反映经济业务的会计信息专业化程度不断提升。法律工作者靠单纯的法律知识难以理解复杂的会计信息，但是公正司法必然要求法律工作者通过理解作为商业语言的会计信息来了解经济实质。这种内在矛盾不仅影响公正司法，还会降低司法活动效率，与法治中国建设的要求形成强烈反差。在现实需求的推动下，法学、会计学、审计学等相关学科互相渗透、互相依存、互相借鉴，促进了法务会计或司法审计的产生和发展（如图9-5所示）。

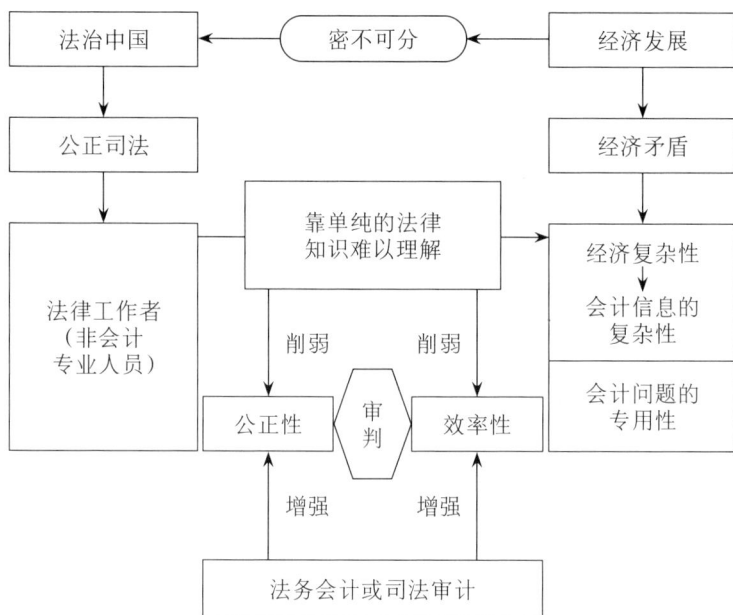

图9-5 财会监督与司法监督的协同点

促进司法公正，完善对权利的司法保障、对权力的司法监督是法治中国建设的重要环节，是中国梦不可或缺的重要内容（公丕祥，2018；付子堂，2019；汪习根，2021；张文显，2022）。公正司法正面临来自两方面的挑战：一是法律资源分享失衡不仅放大了社会分化的负面效应，对法治的核心价值公正性也有一定的损伤（顾培东，2008）；二是面对社会转型期所形成的经济矛盾等现实问题（Haggard，2008；谢海定，2017；江必新和李洋，2021），法律机构的应对能力明显不足（顾培东，2008；卓泽渊，2021）。例如，法律工作者靠单纯的法律知识难以理解复杂的会计信息，但公正性要求司法活动必须了解这些经济活动，而效率性并不要求司法活动具有理解会计信息的功能（魏丽霞，2006）。这种内在矛盾与法治实施体系的价值重心首推效率和公正（胡明，2018）存在明显反差。针对公正司法面临的挑战，融法律与审计等为一体的交叉学科"司法审计"诞生了。司法审计在推动司法公正方面发挥着积极的作用：①在提起诉讼前，收集与财务信息相关的证据，为律师提供会计技术上的支持（金彧昉和李若山，2007；张苏彤，2014；王平和宋鑫，2021）。②在法院开始审理案件后，分析与财务信息相关的争议点，帮助客户进行初期的评估以确定案件是否应该继续进行（冯萌等，2003；陈宗攀，2017；杨书怀，2020）。③在发现程序中，以高度的职业怀疑态度，运用包括现有审计技术及其他非审计技术在内的各种手段，证实或排除并报告各种舞弊的可能性（刘明辉和胡波，2005；苏欣，2014；王艳，2020）。④在法庭上，运用法律、财务会计和审计等知识，对涉案的特定财务会计事项进行检验、鉴别和判断，提供专家意见证据作为审理案件的依据（Bologna等，1995；李若山等，2000；盖地和张敬峰，2003；张蕊和谢舜明，2004；董仁周，2010；张蕊和杨书怀，2013；余构平等，2020；郜秀菊等，2021）。

（3）财会监督与司法监督的协同机制

虽然财会监督与司法监督在监督领域有着不同的重点和手段，但二者相互协同合作可以提高监督效果，促进行政机关和公共机构的合法、规范和透明运作，保障公共利益和社会公平正义。概括地讲，财会监督与司法监督的协同方式表现在以下几个方面。

一是信息共享与比对。财会监督和司法监督可以进行监督信息的共享和比对，互相印证和核实监督结果，加强监督的准确性和有效性。

二是问题整改与追责。司法监督可以对财会监督揭示的问题进行司法审查和追责，促使被监督单位及时整改问题、承担责任，确保问题得到解决。

三是法律依据与合作。财会监督和司法监督在法律规范和依据方面可以相互支持和合作，共同推动法治化监督进程，确保监督的严谨和规范。

四是公开透明与公正性。财会监督和司法监督进行的过程和结果通常属于公开透明范围，保障监督的公正性和公众信任度。

五是案件移送与协作。在财务管理违法犯罪案件中，财会监督机构可以将相关案件移交司法机关进行处理，双方协同合作，确保违法者受到应有惩罚。

六是知识共享与培训。财会监督和司法监督人员可以进行相关知识培训，并进行经验交流，提升监督效果和质量。

七是法治建设与内控机制。司法审查结果可以促进财会监督制度和内控机制的完善，营造依法监督的良好环境，确保监督工作的顺利开展。

通过财会监督和司法监督的协同合作，可以加强对行政机关和公共机构的监督，推动政府工作更加合法、规范和透明，为社会稳定和发展提供坚实保障。这种合作将促进法治建设和全面治理水平的提升，推动国家社会各项事业的健康发展。

9）财会监督与群众监督的协同

（1）群众监督的概念和特点

群众监督建立在权力制约理论上。根据权力制约理论，对权力的制约无非两种方式，一是以权力制约权力，这实际上是权力结构内部的互相制约；二是以社会制约权力，社会制约权力有两个重要方面：用公民的权力制约权力、利用社会组织制约权力。随着权力制约理论的发展，社会制约越来越受到重视，特别是各种社会组织的力量受到思想家的关注，成为权力制约理论的新发展。

所谓群众监督是指社会公众对政府机构、公共服务机构和社会组织等进行监督和执政评价的行为活动。群众监督通过公众的参与和监督，促使政府和其他组织更加透明、公正和有效地履行职责，实现以人民为中心的执政理念。群众监督的特点包括：一是广泛性。群众监督涵盖了社会各个领域和层面，广泛动员社会公众参与监督活动，形成全社会的监督网络。二是民主性。群众监督是民主社会的重要体现，通过人民群众参与，促进政府机构和公共组织的民主化管理，维护公民权利。三是公开性。群众监督注重信息公开和透明度，通过公众参与监督，推动相关机构公开决策过程、行政行为和管理结果。四是主动性。群众监督是社会公众自发参与的监督活动，通过个人和群体的主动行为，推动问题的发现和解决。五是多样性。群众监督形式多样，既包括个人举报、网络投诉，也包括舆论监督、示威抗议等多种方式，形成多层次、多渠道的监督机制。六是持续性。群众监督在社会中形成习惯化、制度化的监督机制，持续推动政府和其他机构的改革和进步。七是效能性。群众监督可以有效发挥社会监督的威力，促使监督对象改进工作、解决问题、提高效率，达到提高治理效果的目的。八是参与性。群众监督强调群众的参与和监督对象的回应，形成互动的监督机制，促使治理主体更贴近民意、回应群众需求。

让群众满意是我们党做好一切工作的价值取向和根本标准，群众意见是一把最好的尺子。开门接受监督要做到真开门、开大门，让群众参与，让群众监督，让群众评判，正确对待、虚心接受群众的批评和建议，有则改之、无则加勉，不能不愿接受监督，甚至千方百计回避监督、抵触监督。按照法律法规的要求，继续推动和完善财务信息公开制度，如上市公司财会信息披露制度等。在法律允许的范围内，凡做出涉及群众切身利益的重要财会决策都应当向社会公开，对群众关注的重要财会事项，要更加公开透明，如农村财务信息公开等。要畅通人民群众举报和监督渠道，认真做好信访监督工作，及时检查处理问题，有的还应及时将处理情况反馈给反映意见的群众。

此外，互联网时代，网络是老百姓表达意见诉求、行使监督权力的重要平台。对网络上的建言献策、批评监督，要多一些包容和耐心，对建设性意见要及时吸纳，对模糊认识要及时廓清，对怨气怨言要及时化解，对错误看法要及时引导和纠正，让网络成为我们汇聚群众诉求、反映民意动态的新途径，成为发扬人民民主、接受群众监督的新渠道。通过群众监督，可以促进政府机构和公共组织的规范运作，保障公民权益，维护社会公正和稳定，推动社会治理的民主化、法治化和现代化。

（2）财会监督与群众监督的协同机制

虽然财会监督和群众监督是两种不同层面的监督方式，但二者可以相互协同合作，共同发挥各自优势，提高监督效果，促进政府和公共机构的规范运作和透明治理。概括起来，财会监督与群众监督的协同方式表现在以下几个方面。

一是信息通报和反馈。群众监督可以帮助财会监督机构获取更多的监督线索和信息，丰富监督内容，而财会监督的结果也可以为群众提供监督对象的财务数据和信息，增加监督的可靠性。

二是问题曝光和解决。群众监督往往能够曝光社会公众关注的问题和事件，引起舆论关注，而财会监督可以深入调查和核实这些问题，为问题的解决提供专业的财务审核和监督手段。

三是投诉处理和监督跟踪。群众监督可以帮助财会监督机构发现问题并加以处理，监督结果也可以为群众提供问题解决的结果和反馈，形成监督的闭环，增加效果与透明度。

四是舆论引导和舆情监控。群众监督可通过舆论引导和舆情监控促进问题解决和社会关注，而财会监督可以为舆情热点提供专业的财务解读和分析，准确客观地评估问题影响和解决方案。

五是跨界合作和媒体支持。财会监督机构可以与群众监督机构、媒体机构等建立合作关系，共同推动监督工作，提高合作效率和监督结果的权威性与可信度。

六是公开透明和监督结果公布。财会监督和群众监督的结果均应当公开透明，分享监督成果，为社会公众提供监督对象的真实信息和行为表现，促进社会公众对监督工作的认可和支持。

通过财会监督与群众监督的协同合作，可以增强监督的广度和深度，促进监督效果的最大化，实现对政府和公共机构的全方位监督，从而推动政治、经济和社会的进步与发展。

10）财会监督与舆论监督的协同

（1）舆论监督的概念和特点

舆论监督是指社会舆论、公众意见对政府、组织或个人行为进行监督和评价的一种方式。它通过媒体、网络、社交平台等传播媒介，以舆论压力的形式，对政府的政策措施、社会事件、公共事务等进行监督和评论，促使政府和相关机构提高透明度，公开信息，及时回应社会热点和民众关切。舆论监督主要是以大众传播媒介为载体，以反映群众呼声、提供舆论信息为手段进行的监督，其监督对象十分广泛，包括对财政资金及其运用的监督。舆论监督具有时效性强、辐射面宽、透明度高、威慑力大的特点，作为中国特色社会主义监督体系的重要组成部分，有着其他监督形式无法比拟的优势，在推动改革发展，推进依法治国、依规治党，维护社会主义民主法治等方面发挥着重要作用。[①]

舆论监督在现代社会中具有重要作用，它有助于揭露问题、推动制度改革、促进社会进步。通过公众的监督意见和批评，政府或相关机构可以

---

① 刘峰. 监督的力量［M］. 北京：人民出版社，2017.

更加及时地检视和纠正工作中存在的问题，实现自我监督和自我改进；同时也有利于促进公众参与社会事务，增强公民的自我意识和社会责任感。在国家治理多元化视角下，财会监督也要考虑与舆论监督的协同工作，需要做好以下几方面的工作：一是在不违反相关法规的前提下，完善财会信息披露，提高信息透明度，营造良好诚信的社会环境。信息披露应当具体细化，充分发挥社会舆论的监督功能。二是要积极发挥舆论监督的功能，或发现财会问题，或推动财会问题的解决，或防止财会问题的反复。根据前述的治理理论，监督的主体不仅包括政府，还应当包括公民社会行为体。只有重视与支持舆论监督，才可能听取意见；同时也只有听取意见，才有可能推动和改进工作。三是畅通沟通渠道。群众应当有及时向相关部门反映问题的相关渠道和途径，政府也应及时回应并且向社会公布内部信息，以便社会各界对其进行监督。

（2）财会监督与舆论监督的协同机制

财会监督和舆论监督虽然是不同类型的监督方式，但二者可以相互协同合作，共同发挥各自优势，提高监督效果，促进政府和公共机构的规范运作和透明治理。概括起来，财会监督与舆论监督的协同方式包括以下几个方面。

一是信息对比与核实。舆论监督通常会揭露一些事件或问题，而财会监督可以通过财务数据和审计手段对相关问题进行核实，提供事实依据，实现舆论监督的真实性和准确性。

二是问题发现与解决。舆论监督可以帮助财会监督机构发现社会公众关注的问题，而财会监督可以深入分析和解决这些问题，提供专业的财务审核和监督技术支持。

三是舆论引导与舆情监控。舆论监督能够引导社会舆论关注重大事件和问题，而财会监督可以为舆论提供专业的财务解读和分析，评估问题的财务影响和解决方案。

四是公开透明与公众参与。舆论监督促进事务的公开透明，财会监督可以为舆论提供更加客观的财务分析，增加监督的科学性和专业性，同时吸引更多公众参与监督过程。

五是问题曝光与解决反馈。舆论监督可以曝光问题，而财会监督可以深入调查问题背后的财务问题，核实事实并提出解决方案，持续跟进问题解决的反馈结果。

六是危机预警与风险控制。舆论监督能够帮助相关机构及时发现危机和风险，而财会监督可以结合财务数据提出对应的风险管理建议，协助相关机构有效处理危机。

通过财会监督和舆论监督的协同合作，可以有效提高监督的针对性和有效性，促进政府和公共机构更好地履行职责、解决问题，增强社会治理的公平性、公正性和透明度。这种通力合作将有助于净化社会治理环境，提升政府和公共机构的形象和效能，促进社会的可持续发展。

总之，以高质量的党内监督为中心，以新形势下财会监督的新内涵和使命为指导，着力健全财会监督与其他监督互动的监督生态，积极探讨其与党政、司法、审计、统计等监督主体之间协同合作的途径，做到横向连通以逐步实现财会监督实时便捷化，纵向贯通以尝试多层次财会监督信息共享，有效地实现系统性、常态化的跨监督种类、跨监督层级的协作，从而激发出党和国家监督体系的最大效用。

第 10 章
总结与展望

本章对本课题进行了总结，概括了主要的研究结论，提出了相应的政策建议，指出了研究的贡献和不足之处，并对未来的研究方向作了一些说明。

10.1 —————————主要研究结论—————————

本书以"财会监督体系服务国家治理的路径优化与协同机制研究"为题，在梳理国内外研究文献、界定关键概念和明确相关理论的基础上，探讨了财会监督若干基本理论问题，通过实地访谈、问卷调查和案例分析等方法，了解我国目前财政部门、中介机构和单位内部财会监督的现状，并分析其中存在的问题，探索了多层次财会监督体系服务国家治理的路径与协同机制。

在国家治理视角下，财会监督概念比较宽泛，是财政监督、财务监督和会计监督的统称，通过监视督促和监察督导财会活动（财政活动、财务活动、会计活动）及其成果，合理保证财会活动合法合规，提高财会信息的真实可靠性，维护经济秩序和公众利益，促进社会稳定等。本书通过理论分析、观点对比、问卷调查、实地访谈和案例研究，得出以下几点主要结论。

（1）国家治理视角下财会理论框架的构建应从财会监督的内涵与本质入手，即理论框架的构建采用本质起点论的观点。

（2）所谓"财会监督"即是对"财政监督"、"财务监督"和"会计监督"的统称，主要是通过监视督促和监察督导财政活动及其成果、财务活动及其成果、会计活动及其成果，旨在合理保证财会活动合法合规、提高财会信息真实可靠性、维护经济秩序和公众利益、促进社会稳定等。

（3）国家治理视角下的财会监督首先是各类组织内部加强财会监督。除了企业，党和国家机关、事业单位、非营利组织等也是国家治理体系的重要参与者，它们也会涉及经济活动，相应地，也会对财会监督提出一定的要求。

（4）国家治理视角下的财会监督比以往更加重视对各类组织加强外部财会监督。在国家治理视角下，国家治理体系中不同治理主体都可以参与治理，财会监督也要改变以往"以监督代管理"的思想，而是要树立"以监督代治理"的理念。

（5）在整个财会监督体系中，财政部门的财会监督处于比较特殊的地位，具有鲜明的特点。财政部门本身作为政府部门，是一级行政单位，自身也存在财政财务活动和会计活动，自身也需要加强对其财会活动进行监督，因而也存在对财会监督的需求。但是，财政部门又是作为财会监督工作的主管部门，在推动形成财会监督工作长效机制、找准财会监督长期着力点方面发挥着重要的引领功能。

（6）会计师事务所、资产评估机构等财会工作中介机构在整个财会监督体系中处于承上启下的地位，强化对中介机构的联合监管，对于完善财会监督体系、促进经济社会健康发展具有重要意义。

（7）重视现代信息技术手段在财会监督领域的应用。在财会监督的各个层级各个环节，都可以考虑融入信息技术，从而达到改善监督效率效果的目的。

10.2 ——————本研究的政策建议——————

为了加强财会监督理论研究和制度建设，完善党和国家监督体系，强化权力运行制约，推进国家治理体系和治理能力现代化，在上述研究成果的基础上，本研究的建议如下：

1）在财会监督理论研究上，建议包括：相关组织、学术团体积极开展各种形式的财会监督研讨会；有关期刊应鼓励刊登财会监督研究方面的文章；引入实证研究；鼓励优秀学生从事财会监督研究；相关部门可以对财会监督立项研究并提供资金支持。

2）在财会监督的实践工作上，建议包括：

（1）加强财会监督法治建设。其意义在于推动财会监督制度建设，并为其提供法律依据，这是法治中国建设的一个重要内容。

（2）财政部门是国家财会工作的统领机构，应该在提高财会监督职能的责任意识的同时，积极引导和开展有关部门进行财会监督的探讨与构建，积极采取公开宣讲或者培训授课等方式，加强其对财会监督的认识，明确其监管权限，加强各监管机构的主体意识和责任意识。

（3）服务国家治理现代化，加强对中介机构联合监管的路径是必须加强党对财会监督工作的领导，统筹财会监督顶层设计，积极构建财政部门与行业协会对中介机构联合监管的共享协同机制，加强会计评估行业监管力度，促进财会中介机构提高执业质量，推进协同治理，形成财政部门与行业协会联合监管为主体、多方协作的监管新方式，让财会监督插上新兴科技的翅膀。

（4）单位内部财会监督的终极职责由单位负责人承担，加强该负责人的责任承担和风险意识。以建立健全内部控制制度作为基础，加强对各部门的内部治理，完善内部环境建设，保障财会监督在执行过程中功能的提升。在绩效评估过程中，财会监督与单位负责人绩效考核相结合，使单位财会监督的单位负责人负责制得到切实的体现。

（5）构建财会监督信息化平台，加强协同机制的设计。财政部可以主动牵头，与司法部门、银保监会、审计署、注册会计师协会等部门联合，建立财会监督管理的信息共享机制，并且深化财会监督与其他九大监督体系的融合。

10.3 ———— 本研究的贡献和不足 ————

10.3.1 本研究的贡献

总体来说，本书的贡献主要是对国家治理视角下财会监督的基本理论及多层次财会监督体系协同优化进行了探索。具体的创新点表现在以下几个方面。

第一，"差异–共治"分析范式为国家治理体系下财会监督拓展了新视角。在新的政治定位和新的使命背景下，针对目前财会监督主体多元化，存在监督资源浪费和监督效率低下等问题，系统考虑不同层次财会监督的角色定位、职责权限的差异，深入探讨适合不同层次财会监督服务国家治理的路径与协同共治机制，为财会监督提供了新的研究角度。

第二，多层次财会监督服务国家治理路径的差异化设计为财会监督模式生成开辟新思路。由于不同层次的财会监督主体具有不同的职能定位、权限责任和监督程序，因此财会监督也应因地制宜。通过对不同层次财会监督主体的角色分析，刻画不同层次财会监督服务国家治理的方向、模式和路径，识别推动差异化路径深度实施的政策需求，构建了国家治理视角下的财会监督理论框架，为不同层次财会监督机制建立新的研究逻辑。

第三，协同联动的共治模式设计为多层次财会监督提供新方案。紧扣新时代财会监督的使命和担当，针对目前十大监督之间尚未建立共享协同机制，存在条块化、间断式、事后性等瓶颈，通过顶层制度设计、不同监督系统间的共享协同机制和财会监督不同层次新"三位一体"机制设计，探讨多层次财会监督模式，消除信息壁垒，实现全方位贯通，为新时代财会监督提出政策建议。

10.3.2　本研究的不足

尽管本书力图深入研究国家治理视角下财会监督的理论和实践问题，通过研究也在某些方面取得了一些实质性进展，但终究因笔者的水平有限，无论是研究内容还是研究方法，本书都存在一定的局限性，需要进一步改进。

第一，研究内容方面的不足。本书在理论框架构建中界定的国家治理视角下的财会监督主体非常广泛，并拟将原"三位一体"[①]拓展为新"三位一体"，即将原"以注册会计师为主体的社会监督"拓展为"利益相关者监督"。但是在后续访问调查中，由于时间、精力有限，以及资料的可获得性，尚未一一加以研究。此外，财会监督实践模式的总结还需要进一步细化、深入。

第二，研究方法方面的不足。虽然本书采用了规范研究中的演绎法、归纳法、比较研究法和档案研究法，以及实证研究中的问卷调查法、实地访谈法和案例研究法，但未能采用其他实证研究方法进行定量分析论证。由于资料所限，研究方法的局限成了本书的一个缺憾。对此，只能期待研究条件具备时再作进一步的探讨。

10.4　未来的研究方向

在本书研究的基础上，未来可以从以下几个方面加强对中国财会监督的研究。

随着党和国家监督体系的完善，国家治理能力的逐渐成熟，未来对财会监督的侧重点可能会有所不同，协同监督机制的设计也会更加优化，这是未来可以继续深入挖掘的方向，同时后续的研究可以对财会监督的理论框架进行更加完整的构建，进一步对财会监督的优化提出详细科学的可行性建议。此外，财会监督信息化也是未来的一个研究方向。

---

① 长期以来的一种看法是，财会监督主体是由单位内部、政府和社会中介三方面构成，彼此不可替代，相互制约，相互补充，共同形成"三位一体"的格局。

访谈记录表

附表1-1 访谈记录表1

访谈时间：2022年1月10日	访谈对象：A财政局科员

访谈目的：通过访谈了解A财政局的内部运行情况，透过一个基层科员的视角审视A财政局的内部管理情况和对外部其他单位的监督情况。

访谈问答：问题1：请问您对A财政局的财会监督情况有了解吗？

回答：有一些了解，我们局内有相应制度，但好像普遍都更重视预算编制审核工作，监督问责比较少涉及。我认为制度严格执行有利于我们更加高效地完成工作，对内是监督管理财务局的工作人员，每个项目从建立到执行最后评价，都有规章制度可以遵循，对外也能制约其他部门与财政局协同合作，共同为人民服务，为国家做贡献嘛。

问题2：请问您觉得A财政局内部的监督情况如何？

回答：预算执行的监督方面我认为做得不够好，也就是预算执行率的问题。虽然财政部门每年提交预算编制草案的时候都会进行"两上两下"的审核退回过程，但是在预算执行效果上并不理想。由于人手有限和工作方式上的一些问题导致预算的编制不够完整，对项目的执行无法进行全过程的监督，所以常常只进行事后监督，在事前和事中都做得不够完善，并且专项资金的检查只能进行抽检，无法全面检查。所以说在预算评价的时候会发现超预算执行的情况，我认为是在资金运用过程中监控不到位的问题。

问题3：请问您认为A财政局在对行政事业单位的管理监督方面做得如何？

回答：对于行政事业单位的管理方面，各单位在制定机关财务管理制度的时候都会来征求我局的意见，还有在预算编制方面，也需要由财政局进行审核。但是每年都会出现编制预算漏报的情况，由于某些特殊原因也会同意在年中的时候追加预算，对于这些情况财政局也制定了一些管控措施，比如严格限制年中追加预算的额度，其次就是加强单位的主体意识，及时跟单位进行沟通和协调，目前来看取得了一定的效果，但是还不够重视这个问题。

附表1-2　　　　　　　　　　　　　　　**访谈记录表2**

访谈时间：2022年1月15日	访谈对象：A财政局内控报告审核负责人

访谈目的：通过访谈了解A市行政事业单位内部控制报告的编报情况，梳理A财政局对辖区内的各部门内部控制制度建设与执行情况的管理和监督现状。

访谈问答：

问题1：请问您在A市的内部控制报告审核中负责什么事项？

回答：负责审核单位内控报告质量情况，首先对本级和二级单位分别进行内控报告填报情况的审核，编制审核表，然后汇总到本级，最后汇总到财政局，进行内控报告填报质量的分析。

问题2：请问您觉得A市的行政事业单位内部控制报告编报整体情况如何？

回答：从A市范围内各行政事业单位报送的内部控制报告数据来看，整体内控建设情况良好，内控报告编报质量较去年有所提升，内控建设整体水平呈逐年上升趋势。

问题3：请问您觉得A财政局在开展内部控制报告编报的过程中存在哪些问题？

回答：一是大部分单位存在不清楚内控报告填报要求的情况，导致内控报告填写和附件上传的部分产生误传、漏传的现象；二是有些单位由于体量小难以落实某些内控要求，我认为是内控制度的设计不够灵活和具体的原因，在制度建设方面还需要加以完善。

问题4：请问您对上述问题有什么好的建议？

回答：建议可以组织各单位线上或线下进行内控系统报告编报培训，讲解各项指标的填报要求；或者是印发行政事业单位内控规范通知文件，指导各部门及所属单位更合理高效地落实内控管理。

关于上海绿地集团财会监督情况的调查问卷

尊敬的先生/女士:

您好!感谢您百忙之中参与本次问卷调查。本调查问卷旨在获取上海绿地集团财会监督情况信息,其问题设置并无对错之分,请根据您对贵公司的了解填写即可。本次调查均为匿名填写,仅供学术研究使用,感谢各位支持,在此致以诚挚的谢意。祝您身体健康,事业顺利!

1.请问您的性别? [单选题] *

○男

○女

2.请问您的年龄段? [单选题] *

○20岁以下

○21~30岁

○31~40岁

○41~50岁

○50岁以上

3.请问您的学历水平? [单选题] *

○硕士及以上

○本科

○大专

○大专以上

4.请问您是否在绿地集团就职过？　［单选题］　*

○是（请回答第5-16题）

○否（请回答第17-25题）

5.请问您是在什么部门就职？　［单选题］　*

○财务部门

○人力资源部门

○销售部门

○采购部门

○其他

6.请问您认为目前绿地集团的财务部门的审核监督部门主要有哪些？

［多选题］　*

□出纳组

□资金组

□预算组

□会计核算组

□审计组

□发票税务组

□费控组

□财报组

□其他_____

7.请问您认为目前绿地集团财务部的不足是什么？　［多选题］　*

□财务部的信息化程度不够

□财务人员的流动性大

□财务部监督力量不足

□财务部政策落实情况不够

□财务部的管理层管理力度不够

□财务人员的专业能力有待提升

□财务部的专业培训缺乏

□财务部的制度流于表面

□财务部对下级公司的管理缺乏

□财务部的审核监督力量缺乏

□其他＿＿＿＿＿＿＿＿＿＿＿＿＿＿＿

8.请问您认为绿地集团的各类职能部门设置完善吗？ ［单选题］ *

很不完善　　　○1　　○2　　○3　　○4　　○5　　很完善

9.请问您认为绿地集团的各部门审核、监督流程完善吗？ ［单选题］ *

很缺乏　　　○1　　○2　　○3　　○4　　○5　　非常完善

10.请您对绿地集团审核监督情况进行评价。［矩阵单选题］ *

	很不满意	不满意	一般	满意	很满意
办事效率	○	○	○	○	○
培训制度	○	○	○	○	○
审批机制	○	○	○	○	○
信息化程度	○	○	○	○	○
制度落实情况	○	○	○	○	○
财会监督人员专业能力	○	○	○	○	○

11.请问你了解过财会监督的相关内容与政策吗？ ［单选题］ *

○是

○否

12.请问您认为目前绿地集团存在财会监督的力量吗？ ［单选题］ *

○是

○否

13.请问您认为目前绿地集团的内部的财会监督力量来自哪些部门？

［多选题］ *

□党务工作部

□海外事业发展部

□工程合约部

□投资发展部

□营销管理部

□技术管理产品研发部

□财务部

□人力资源部

□战略规划与企业管理部

□办公室

□其他＿＿＿＿＿＿＿＿＿＿＿＿＿

14.请问您认为目前绿地集团的外部的财会监督力量来自哪里？［多选题］＊

□会计师外部审计

□国资委

□税务局

□律师事务所

□资产评估机构

□媒体

□其他＿＿＿＿＿＿＿＿＿＿＿＿＿＿＿＿

15.您认为目前绿地集团财会监督效果如何？ ［单选题］ ＊

很差　　○1　　○2　　○3　　○4　　○5　　很好

16.您认为绿地集团有必要加强企业的财会监督吗？ ［单选题］ ＊

○是

○否

17.请问您是否了解过财会监督相关的内容？ ［单选题］ ＊

○是

○否

18.请问您认为财会监督对一家公司的发展重要吗？ ［单选题］ ＊

很不重要　　○1　　○2　　○3　　○4　　○5　　很重要

19.请问您认为企业的财会监督存在于以下哪几个机构中？ ［多选题］ ＊

□企业自身

□国家的监督力量

□第三方中介机构

□其他＿＿＿＿＿＿＿＿＿＿＿＿＿＿＿

20.请问您认为加强财会监督的目的有哪些？ ［多选题］ *

□提高国家治理水平

□加强监督力量，提高企业运营效率

□整合各平台资源，减少重复作业

□提高监督的质量

□降低信息不对称

□强化监督人员的专业能力

□其他＿＿＿＿＿＿＿＿＿＿＿＿＿＿

21.请问您认为目前企业财会监督有哪些不足？ ［多选题］ *

□缺乏完善的财会监督机制

□企业内外部财会监督结果没有共享

□财会监督意识薄弱

□财会监督方式单一

□缺乏专业的财会监督人才

□整体信息化建设落后

□财会监督的质量有待提高

□财会监督的标准难以统一

□其他＿＿＿＿＿＿＿＿＿＿＿＿＿＿

22.请问您认为目前中介机构的财会监督有哪些不足？ ［多选题］ *

□中介机构的独立性受到挑战

□财会监督重点存在偏差，中介机构陷入两难境地

□行业监管不平衡，地区差异大

□中介机构类型太多难以发挥监督力量

□中介机构的执业准则难以统一标准

□中介机构监督的质量有待提高

□整体信息化建设滞后

□中介机构地区分布不均衡

□其他＿＿＿＿＿＿＿＿＿＿＿＿＿＿

23.请问您认为企业可以在加强财会监督的过程中做些什么？ ［多选题］ *

□提高财会监督的意识

□培养专业胜任的监督人才

□创建多样的监督模式

□加强信息化建设

□提高监督质量

□加强企业内部控制

□其他＿＿＿＿＿＿＿＿＿＿＿＿＿＿＿

24.请问您认为在加强财会监督的过程中中介机构可以做什么？　［多选题］　*

□提高财会监督的意识

□培养专业胜任的监督人才

□创建多样的财会监督模式

□建立资源共享的机制

□加强信息化建设

□提高监督质量

□制定财会监督的行业标准

□其他＿＿＿＿＿＿＿＿＿＿＿＿＿＿＿

25.请问您认为企业财会监督中企业与中介机构的关系是什么？　［单选题］　*

□毫无关系

□相互独立

□相辅相成

□其他＿＿＿＿＿＿＿＿＿＿＿＿＿＿＿

参考文献

[1] 包善君. A 市财政局内部监督检查研究 [D]. 重庆：西南政法大学，2018.

[2] 卜君，孙光国. 会计准则运行主体及其互动机制研究 [J]. 会计研究，2017（8）：3-11；94.

[3] 财政部安徽监管局财会监督调研课题组，宋孝群，徐传宝，等. 企业财会监督现状及治理体系研究 [J]. 财政监督，2020（15）：55-60.

[4] 蔡晓峰. 加强财会监督应把握好四大关系 [J]. 中国财政，2020（10）：57-59.

[5] 曹举，曹春乾. 新形势下事业单位强化财会监督的实现路径 [J]. 地方财政研究，2020（9）：85-91.

[6] 陈希晖，张陈丹华. 审计监督、财会监督与统计监督协同的现实基础和实现路径 [J]. 中国审计评论，2022（1）：13-22.

[7] 陈晓辉. 寻租理论与腐败问题研究 [J]. 法制与社会，2018（35）：133-134.

[8] 陈志斌，周曙光. 政府会计国家治理功能的界定研究 [J]. 会计研究，2017（11）：31-37；96.

[9] 丁志刚，李天云. 国家治理效能研究：文献回顾与未来展望 [J]. 行政与法，2021（8）：28-39.

[10] 董承勇. 新时代财会监督的宏观管理格局 [J]. 财政监督，2020（19）：

50-54.

[11] 樊行健，肖光红. 关于企业内部控制本质与概念的理论反思 [J]. 会计研究，2014（2）：4-11；94.

[12] 冯丽娟，曾庆梅，王荷花. 关于新形势下加强中介机构在财会监督方面作用的探讨 [J]. 中国注册会计师，2020（12）：36-41.

[13] 傅建超. 发挥注册会计师专业优势有效履行财会监督职能 [N]. 中国会计报，2020-05-01（7）.

[14] 高洁. 财政监督视角的检验检疫系统预算管理研究 [D]. 厦门：厦门大学，2013.

[15] 高思凡. 政府善治导向下促进财会监督和审计监督协同的几点思考 [J]. 财务与会计，2020（13）：16-18.

[16] 高婷. T区财政预算业务内部控制研究 [D]. 天津：天津财经大学，2019.

[17] 郜进兴，林启云，吴溪. 会计信息质量检查：十年回顾 [J]. 会计研究，2009（1）：27-35；96.

[18] 郜进兴，中国会计监管体系研究 [D]. 武汉：中南财经政法大学，2013.

[19] 葛瑶，解莹，王传成，等. 财政部门会计监督治理体系和治理能力建设研究 [J]. 天津经济，2021（3）：44-51.

[20] 耿建新，吕晓敏，刘尚睿. 我国宏观财会监督的现状与未来发展：基于国家资产负债表的分析 [J]. 财务与会计，2021（3）：10-14.

[21] 顾川腾. 加强上海区级财政监督的研究 [D]. 上海：华东师范大学，2007.

[22] 广东省2021年度专项会计科研课题组，雷宁，杨志强，等. 党和国家监督体系中财会监督的含义和理论框架探讨 [J]. 会计之友，2022（6）：137-142.

[23] 杭州市财政局会计处课题组. 关于加强财会监督工作的思考——基于财政部门会计管理工作视角 [J]. 财务与会计，2020（19）：4-7.

[24] 胡俊杰. 法治视角下的财政支出监督问题研究 [D]. 大连：东

北财经大学，2014．

[25] 胡明霞．基于财会监督视角防治财务舞弊——以瑞幸咖啡为例 [J]．财务与会计，2021（18）：44-47．

[26] 胡少先．加强财会监督的思考与建议 [J]．财政监督，2020（5）：9-14．

[27] 黄惠华，王辉．企业财会内控监督机制的现状及其完善措施 [J]．企业改革与管理，2017（9）：130．

[28] 黄民锦．财会监督与审计、统计监督协同效应的实现路径探讨 [J]．财政监督，2020（24）：61-64．

[29] 黄世忠．强化公司治理完善控制环境 [J]．财会通讯，2001（1）：33-34．

[30] 况玉书，胡美纯．加强会计评估中介机构联合监管的路径选择 [J]．财政监督，2021（17）：13-18．

[31] 况玉书，刘永泽．财会监督的本质特征、作用及创新 [J]．财务与会计，2020（22）：13-14．

[32] 况玉书，刘永泽．预算会计与财务会计有机融合 [N]．中国财经报，2021-04-15．

[33] 况玉书，杜江南．区块链视角下内部控制边界再讨论 [J]．商业经济，2020（4）：95-96．

[34] 况玉书．政府内部控制理论框架构建及应用对策研究 [M]．北京：经济科学出版社，2018．

[35] 李昌振．国家治理视域下财会监督体系构建的逻辑与路径 [J]．会计之友，2021（16）：7-12．

[36] 李会珍．浅谈财政内部监督检查 [J]．山西农经，2015（2）：30-31．

[37] 李嘉亮．财会监督：新时代赋予更深内涵 [J]．审计观察，2020（8）：31-35．

[38] 李建发，张国清．国家治理情境下政府财务报告制度改革问题研究 [J]．会计研究，2015（6）：8-17；96．

[39] 李建国．新时代财会监督的定位要素与路径研究 [J]．财会学

习，2021（22）：112-113.

[40] 李敬涛，陈志斌. 财政透明、晋升激励与公共服务满意度——基于中国市级面板数据的经验证据 [J]. 现代财经（天津财经大学学报），2015，35（7）：91-104.

[41] 李龙成. 走向绿色发展的财政监督研究 [D]. 哈尔滨：东北林业大学，2003.

[42] 李明辉，曲晓辉. 我国上市公司财务报告法律责任的问卷调查及分析 [J]. 会计研究，2005（5）：47-53；96.

[43] 李钦，刘飘，种道远. 新时代加强财会监督工作的思考 [J]. 财政监督，2020（9）：65-70.

[44] 李青原. 会计信息质量、审计监督与公司投资效率——来自我国上市公司的经验证据 [J]. 审计研究，2009（4）：65-73；51.

[45] 李若山. 财会监督是正常经济生态的重要标志 [J]. 财务与会计，2020（13）：13-15.

[46] 李心合. 内部控制：从财务报告导向到价值创造导向 [J]. 会计研究，2007（4）：54-60；95-96.

[47] 李雪，朱金宇. 国家治理视角下财会监督、统计监督和审计监督新型协同机制的构建 [J]. 财务与会计，2021（9）：12-14.

[48] 李志斌. 内部控制的规则属性及其执行机制研究——来自组织社会学规则理论的解释 [J]. 会计研究，2009（2）：39-44；93.

[49] 林菲. 关于构建新时代财会监督体系的思考——基于52家中央单位的问卷调查分析 [J]. 财务与会计，2021（2）：17-19.

[50] 刘琳莉. X县财政预算执行的监督问题及对策研究 [D]. 成都：电子科技大学，2021.

[51] 刘尚希. 更好发挥财会监督的重要作用 [J]. 财务与会计，2021（9）：10-11.

[52] 刘新波. 财会监督的使命与担当 [J]. 财务与会计，2020（16）：7-9.

[53] 刘永泽，况玉书. 关于政府内部控制的几个问题 [J]. 财经问题研究，2015（7）：73-77.

［54］刘永泽，况玉书．论政府会计中两种核算基础的融合［J］．财务与会计，2015（17）：56-59．

［55］刘永泽，况玉书．政府内部控制的内涵界定、外延定位与预算选择［J］．审计与经济研究，2015，30（3）：88-97．

［56］刘永泽，况玉书，吉津海．政府内部控制制约机制研究——基于"三分一轮一流程"的视角［J］．财政监督，2015（21）：8-12．

［57］刘真．A县财政部门内部监督体系研究［D］．成都：西南交通大学，2013．

［58］罗飞，柳木华．独立董事制度与公司财务监督［J］．财会通讯，2001（10）：17-21．

［59］吕勇刚．对财政部门内部监督工作的思考［J］．预算管理与会计，2016（7）：56-57．

［60］马向荣．公共财政体制下的财政监督研究［D］．成都：西南财经大学，2008．

［61］马轩．W市财政局预算支出内部控制有效性研究［D］．西安：西安石油大学，2021．

［62］潘建青，方伟英，俞慧卿．关于新形势下财政部门发挥财会监督职能作用的思考［J］．财政监督，2020（12）：60-65．

［63］尚所林．财会监督转型：基于财政视角的思考［J］．云南开放大学学报，2021，23（3）：123-127．

［64］申屠刚．新时期湖南省财政监督机制创新问题研究［D］．长沙：湖南大学，2009．

［65］沈婷婷．基层政府财政预算管理存在问题及对策分析［D］．深圳：深圳大学，2018．

［66］孙玉玲．加强会计师事务所信息化建设的实施路径探讨［J］．企业改革与管理，2022（15）：118-119．

［67］谭安杰．改革中的企业督导机制［M］．北京：中国经济出版社，1997：271-275．

［68］唐亮．基于国家治理体系下建立健全财会监督体系的思考［J］．浙江国土资源，2021（8）：39-40．

［69］滕红，张福亮. 提升财务管理层次发挥财务监管作用［J］. 山东煤炭科技，2009（4）：222-223.

［70］滕永湃，韦群英. 关于推进行政事业单位财会监督的思考［J］. 西部财会，2021（4）：74-76.

［71］汪慧甜. 会计信息化服务市场的财政监督［D］. 上海：华东理工大学，2013.

［72］汪雅萍，何召滨. 新时代财会监督的定位、要素与路径［J］. 财务与会计，2020（12）：15-19.

［73］王爱国. 对财会监督的再认识［J］. 财务与会计，2020（18）：8-11.

［74］王晨明. 刍议财会监督的涵义和作用机制——基于行政事业单位视角［J］. 财务与会计，2020（20）：4-5.

［75］王宏，梁璐璐. 坚持"四度"思维 提振财会监督［J］. 财务与会计，2020（8）：4-6.

［76］王军，陈毓圭，高一斌. 关于企业会计监督职能的反思［J］. 会计研究，1988（5）：36-40.

［77］王润方. 深入学习贯彻习近平总书记重要讲话精神 加强和完善新时代财会监督工作［J］. 财政监督，2020（5）：5-8.

［78］王廷. 关于完善行政事业单位财会监督机制的思考——基于湖南省娄底市的调研分析［J］. 财政监督，2020（20）：61-65.

［79］王银梅. 国外财政监督实践综述及启示［J］. 财政监督，2012（21）：24-27.

［80］王跃堂，孙铮，陈世敏. 会计改革与会计信息质量——来自中国证券市场的经验证据［J］. 会计研究，2001（7）：16-26；65.

［81］王振东. 把财会监督打造成新时代党和国家监督体系中的一把利剑［J］. 财政监督，2020（10）：35-37.

［82］王竹泉，毕茜茜. 利益相关者导向的商业银行治理研究［J］. 公司治理评论，2009，1（3）：131-142.

［83］魏安敏，高金玲. 试论企业财务监督［J］. 财会月刊，2003（12）：22-23.

[84] 巫永平，吴德荣. 寻租与中国产业发展 [M]. 北京：商务印书馆，2010.

[85] 伍中信，李雅雄，彭屹松，等. 国家治理背景下财会监督的定位、要素与实施路径 [J]. 湖南财政经济学院学报，2021，37（5）：55-67.

[86] 武辉，王竹泉. 国家治理框架下善治导向的会计监督体系重构 [J]. 会计研究，2019（4）：3-10.

[87] 习近平. 决胜全面建成小康社会夺取新时代中国特色社会主义伟大胜利——在中国共产党第十九次全国代表大会上的报告 [M]. 北京：人民出版社，2017.

[88] 习近平. 在十九届中央纪委四次全会上发表重要讲话：一以贯之全面从严治党强化对权力运行的制约和监督 为决胜全面建成小康社会决战脱贫攻坚提供坚强保障 [EB/OL]. [2020-01-13]. http：//www.gov.cn/xinwen/2020 -01/13/content_5468732. htm.

[89] 习近平. 习近平谈治国理政（第一卷）[M]. 北京：外文出版社，2018.

[90] 项武爱. 提高效率降低成本努力形成大监督格局 [J]. 中国党政干部论坛，2006，212（7）：30-31.

[91] 谢德仁. 注册会计师行业管制模式：理论分析 [J]. 会计研究，2002（2）：12-20;65.

[92] 谢婷. Z市国库集中支付内部控制优化对策研究 [D]. 广州：华南理工大学，2019.

[93] 谢志华，程恺之，杨克智. 财会监督之属性探析 [J]. 财务与会计，2020（18）：4-7.

[94] 谢志华. 论会计的经济效应 [J]. 会计研究，2014（6）：8-16;96.

[95] 徐丹. 新形势下推进财政部监管局财会监督工作的思考 [J]. 财政监督，2020（8）：60-64.

[96] 徐玲，任婷，黄海琳. 管理会计应用的问卷调查研究——基于会计中介机构的视角 [J]. 新会计，2020（4）：42-45.

[97] 徐庆红，赵缔. 财会监督在新型国家监督体系下如何发挥重要作用 [J]. 财务与会计，2020（10）：4-7.

[98] 徐卫刚. DQ市财政局内部监督体系优化研究 [D]. 大庆：东北石油大学，2015.

[99] 徐玉德，刘迪. 财会监督助力国家治理体系和治理能力现代化建设 [J]. 地方财政研究，2020（9）：79-84.

[100] 徐玉德. 准确把握财会监督职能定位 助力国家治理效能提升 [J]. 财政科学，2021（7）：5-12.

[101] 许莹莹，周燕，徐峰. 国有企业财务监督实践探索 [J]. 财经界，2022（32）：90-92.

[102] 晏维龙. 把握治理的核心要义，推进党和国家监督体系和监督能力现代化 [J]. 审计与经济研究，2020，35（1）：1-3.

[103] 杨宝旺，赵玉洁. 加强国企财务监管的三项建议 [J]. 企业改革与管理，2003（7）：16-17.

[104] 杨灿明. 基于财政视角理解国家治理体系和治理能力现代化 [J]. 国家治理，2019（41）：9-12.

[105] 杨体军. 中国财政监督的理论研究和实证分析 [D]. 长春：吉林大学，2007.

[106] 杨雄胜，陈丽花，曹洋，等. 会计理论范式革命：黎明前的彷徨与思考 [J]. 会计研究，2013（3）：3-12；95.

[107] 杨雄胜. 财会监督需要新的认识视角 [J]. 财务与会计，2020（9）：8-9.

[108] 杨有红. 整合监督体系 提升监管效果 [J]. 财务与会计，2020（19）：8-11.

[109] 姚道远. 南京市A区行政事业单位全面预算管理问题研究 [D]. 镇江：江苏科技大学，2020.

[110] 喻冬梅. 财会监督在国家治理体系和治理能力现代化中的定位及思考 [J]. 财务与会计，2020（12）：20-22.

[111] 袁宝荣. 整合财会结构强化财务监督——实现对托管企业财务有效管理问题研究 [J]. 财会学习，2019（28）：51-52.

[112] 袁敏. 历史视角下的财会监督 [J]. 财务与会计，2020 (15)：8-11.

[113] 张璠，王竹泉. 财会监督体系重构新思路 [J]. 财务与会计，2020 (24)：13-16.

[114] 张俊民. 企业内部会计控制目标构造及其分层设计 [J]. 会计研究，2001 (5)：42-45.

[115] 张乐. 财会监督在国家治理体系中的定位及思考 [J]. 人民论坛·学术前沿，2021 (9)：128-131.

[116] 张萌. 公益性事业单位预算管理优化研究 [D]. 济南：山东建筑大学，2020.

[117] 张先治，晏超. 基于会计本质的管理会计定位与变革 [J]. 财务与会计，2015 (3)：9-11.

[118] 张先治. 完善财会信息披露是强化财会监督的根本 [J]. 财务与会计，2020 (14)：4-6.

[119] 张学平. 推动财会监督融入党和国家监督体系的路径探析 [J]. 财政监督，2020 (11)：44-51.

[120] 张亚红. 完善预算监督与提高预算会计信息透明度 [J]. 云南财经大学学报 (社会科学版)，2011 (5)：118-119.

[121] 章博. 优化资源整合提升监督水平 [J]. 法制与经济 (中旬刊)，2014 (4)：106-107.

[122] 章贵桥. 政府会计功能、国家善治与政治信任 [J]. 会计研究，2017 (12)：19-23；96.

[123] 赵虎. 新中国成立以来财会监督工作的回顾与展望 (上) [J]. 财政监督，2022 (4)：74-79.

[124] 赵艳. 我国中央部门预算内部监督机制问题研究 [D]. 大连：东北财经大学，2018.

[125] 赵怿辰，赵大海. 财会监督体系中财政部门定位和发展的思考 [J]. 财务与会计，2021 (1)：24-27.

[126] 中国纪检监察学院课题组，王希鹏，宋振策. 政治监督的内涵要义与实现路径 [J]. 中国纪检监察，2020 (5)：14-15.

[127] 周冬华，马海鹏. 传承与演进：中国共产党财会监督百年史 [J]. 会计之友，2022（3）：141-148.

[128] 周少君. 我国财政监督的可持续发展研究 [D]. 乌鲁木齐：新疆财经大学，2009.

[129] 周卫华，高天美. 数字财会监督体系构建的探讨 [J]. 财政监督，2020（16）：12-16.

[130] 朱燕萍. 浅谈基层单位如何增强财会监督的有效性 [J]. 当代会计，2020（23）：4-7.

[131] 祝伟伟. "国外治理理论与中国国家治理能力建设"学术研讨会综述 [J]. 国外社会科学，2014（5）：155-157.

[132] 宗禾. 综合施策 协同发力 着力提升会计监督的管控效能 [J]. 财务与会计，2020（9）：6-7.

[133] 邹晗媚. 行政事业单位财政资金监管的问题研究 [D]. 广州：华南农业大学，2019.

[134] 谷雨，孟群，马良，等. 健康中国战略视域下卫生监督管理能力提升研究——基于系统动力学视角 [J]. 管理学刊，2022，35（4）：53-64.

[135] 廖苏亮. 基于系统动力学的科技监督能力建设研究 [J]. 决策咨询，2022（3）：47-53.

[136] 张涛，贺昌政. 基于系统动力学的非经营性政府投资项目监督管理研究 [J]. 软科学，2009，23（11）：25-31.

[137] CHARILAOS M. Financial Supervision Structure，Decentralized Decision-Making and Financing Constraints [J]. Journal of Economic Behavior and Organization，2020，174.

[138] CHEN N，YU M T. National Governance and Corporate Liquidity in Organization of Islamic Cooperation Countries [J]. Emerging Markets Review，2021（prepublish）.

[139] FAMA E. Agency Problems and The Theory of The Firm [J]. Journal of Political Economy，1980（88）：288-307.

[140] FAN J，WONG T J，ZHANG T. Politically Connected CEOs，

Corporate Governance, and Post-Ipo Performance Of Chinas Newly partially Privatized Firms [J]. Jouranl of Financial Economics, 2007, 84 (2): 330-357.

[141] HONGWU W, ZHENG L. Application and Prospect of Information Technology in National Governance [J]. Scientific Journal of Economics and Management Research, 2021, 3 (2).

[142] JENSEN, MICHAEL, WILLIAM M. Theory of the Firm: Managerial Behavior , Agency Costs, and Ownership Structure [J]. Journal of Financial Economics, 1976 (3).

[143] KUANG Y, LI Z, PAN C, et al. The Construction of Conceptual Framework of Enterprise Internal Control Evaluation Report [J]. Journal of Sensors, 2022, 2022: 2753001. DOI: 10. 1155/2022/2753001.

[144] LIU B. Research on Enterprise Financial Management Supervision Mode Based on Data Mining [J]. Journal of Physics: Conference Series, 2021, 1881 (4).

[145] LIU Y, ZHOU Y. Territory Spatial Planning and National Governance System in China [J]. Land Use Policy, 2021, 102.

[146] MARK S, BEASLEY. An Empirical Analysis of the Relation Between the Board of Director Composition and Financial Statement Fraud [J]. The Accounting Review, 1996 (71): 443-465.

[147] Peter C, KOSTANT. Exit, Voice and Loyalty in The Course of Corporate Governance and Counsel's Changing Role [J]. Journal of Socio-Economics, 1999 (28): 203-246.

[148] QIANGWEI Z, MENG L. Research on the Significant Advantages of China's National System and National Governance System in Concentrating on Major Affairs [J]. Journal of Innovation and Social Science Research, 2021 (8): 6.

[149] QU J, ZHU Y. Research on Accounting Information Sharing Mechanism from the Perspective of National Governance [J]. E3S Web of Conferences, 2021: 251.

参考文献

[150] RUBACH M T, SEBORA T C. Comparative Corporate Governance [J]. Journal of World Business, 1998, 33 (2): 167-184.

[151] SCOTT L, SUMMERS, JOHN T. Sweeney, Fraudulently Misstated Financial Statements and Insider Trading: An Empirical Analysis [J]. The Accounting Review, 1998 (73): 131-146.

[152] SMITH C W, WARNER J. The Financial Contracting: An Analysis of Bond Covenants [J]. Journal of Financial Economics, 2000 (7): 117-161.

[153] WU Y. A Comparative Study of Financial Supervision System between China and Britain from the Perspective of Macro Prudential [J]. Academic Journal of Humanities & Social Sciences, 2020 (3): 3.

[154] WUYANG Z, CAN D, YUNING X, et al. Construction of Legal System for Maritime International Trade Financial Supervision Cooperation [J]. Journal of Coastal Research, 2020, 103 (sp1).

[155] XIANRUI H. Application of Blockchain Technology in the Field of Accounting Supervision [J]. Probe - Accounting, Auditing and Taxation, 2020 (2): 2.

[156] YANLI C, PAUL A, CHEUNG S K S, et al. Internet Financial Supervision Based on Machine Learning and Improved Neural Network [J]. Journal of Intelligent & Fuzzy Systems, 2021 (40): 4.

[157] YAXIONG G. Evolution and Thinking of the Accounting Supervision Mode of China's State-owned Enterprises [J]. Journal of Computers, 2011, 32 (11): 11-13.

[158] YI-HUI C, LI-CHIN H, IUON-CHANG L, et al. Research on the Secure Financial Surveillance Blockchain Systems [J]. International Journal of Network Security, 2020 (4): 22.

索引

后记

犹记得2023年整个寒假都在忙着准备第三届全国高校教师教学创新大赛广东分赛，从学校到学院各级领导都非常重视，比赛程序烦琐，多次接受学校安排的培训指导，需要提交的比赛材料颇多，丝毫不敢懈怠。恰逢国家社科基金年度项目申报，本书的写作不断被打断，可谓一波三折。

2024年开学后不久，赶上了两年前母亲因交通事故的诉讼案件开庭，庭审结束后连夜驱车赶一趟公差。由于性质比较特殊，出差不允许携带任何电子产品，为了不浪费工作之余的时间，我随身带着一大箱子纸质文献资料。出差期间，由于没有电脑在身边，又恐书稿一拖再拖，所以采用了最传统的方式开始写作，利用纸和笔一个字一个字地写。有了草稿后，我出差结束回去再敲进电脑。其间，白天工作，晚上抓紧时间赶书稿。几乎天天加班工作，回到宿舍便争分夺秒地写作，经常通宵达旦。"开夜车"之后早上去食堂经常会碰到晨练的同事，起初跟我打招呼的时候，他们脸上总会露出几分好奇，恐怕是觉得眼前这个年轻人有赖床睡懒觉的习惯吧。好在我们也都是同道中人，不必解释，心照不宣……经过近3年的努力，这部书稿终于完成了，颇有如释重负之感。

本书既有理论研究，又有实践探索；既是一本学术著作，也是一个工作总结。在本书即将出版之际，特向广东省社科规划办和广东省会计学会的同志给予我的信任和支持表示衷心的感谢！没有他们的支持，本书无缘面世。

本书在开始选题和构思时，曾经征求过东北财经大学刘永泽教授和山东理工大学乔贵涛副教授的意见，感谢他们的支持、关心和鼓励。此外，还要特别感谢：广东省财政厅二级巡视员钟凯在研究过程中给予的关心和支持；北京国家会计学院党委书记张凤玲对课题研究提出的宝贵修改意见；厦门国家会计学院副院长丁友刚在研究设计方面给予的支持和帮助。我所指导的硕士研究生陈怡、胡美纯、赵春豪和陈惠林也协助整理了相关资料并参与了相关研究，在此一并致谢！

感谢广东财经大学会计学院邢风云书记、雷宇院长、孔令辉副教授、李荣生副教授等学院领导和同事们对研究工作提供的帮助；感谢家人和朋友给予的大力支持，特别是好友曹映红、付小平、雷朋、苏黎明、文利情、吴彪、吴留永、吴文安、吴小明、朱雁茹等昔日同窗给予我的关心、鼓励和帮助；感谢东北财经大学出版社李栋编辑的辛勤付出。没有大家的帮助、理解和支持，本书不可能顺利完成。

在写作本书期间，本人参加了广东省第三期高端会计人才班培训，也曾与培训班的老师和同学们讨论交流此书，所以也特别感谢张文蔚老师、杨眉老师等及培训班的同学们在学习和生活上给我的支持和帮助。

况玉书

2024年2月

于广州·惜时斋